Abendsegel

Gedichte

Peter Frank, Hanna Fleiss, Manfred Burba,
Peter Lechler u.v.a.

Dorante Edition

„Ich bin, wo der Eichelhäher
zwischen den Zweigen streicht,
einem Geheimnis näher,
das nicht ins Bewußtsein reicht."

...

Günter Eich

Abendsegel

Gedichte

Peter Frank, Hanna Fleiss,
Manfred Burba, Peter Lechler u.v.a.

Bibliografische Information durch die Deutsche Nationalbibliothek:
Die Deutsche Nationalbibliothek verzeichnet diese Publikation in der
Deutschen Nationalbibliografie; detaillierte bibliografische
Daten sind im Internet über http://dnb.d-nb.de abrufbar.

herausgegeben durch das Literaturpodium, Dorante Edition
Berlin 2014, www.literaturpodium.de
Copyright (2014) Engelsdorfer Verlag Leipzig
ISBN 978-3-95744-387-8
Alle Nachdrucke sowie Verwertung in Film, Funk und Fernsehen und
auf jeder Art von Bild-, Wort-, und Tonträgern honorar- und genehmigungspflichtig. Alle Rechte vorbehalten. Das Urheberrecht liegt bei den
Autorinnen und Autoren.

Foto auf der Vorderseite: Heidemarie Ithaler-Muster

Technische Unterstützung und Bearbeitung:
Firma Thomas Ferst Computer; www.ferst.de
Hergestellt in Leipzig, Germany (EU), Engelsdorfer Verlag
www.engelsdorfer-verlag.de

michael starcke

schule des lebens

manchmal hab ich
ein gebet gesprochen,
die schulaufgabe des tages
ignoriert.

im fach geschichte
bin ich immer noch
dabei. die besten lehrer
sind die großmütter
und visionäre
von der letzten bank.

schmal ist die tür
geblieben
in die welt:
erfahrung hagelt es,
schönheit, stille
und herbst.

gefordert werden
zeugniss-
zensuren,
anerkennend
verschwiegen
mit keinem wort.

es wäre schön,
mit jedem abschluss
auch das ende zu verlieren.

michael starcke

seemannsgarn

noch ist nicht alles
gesagt, wie es in zukunft
weiter gehen soll,
brauchbare vorschläge,
versteckt in noch nicht
geöffneten testamenten.

noch ist nicht alles
gesagt über den umgang
mit bürger und mitmenschen,
über luftorakel
und gekenterte boote
an den küsten europas.

noch ist nicht alles
gesagt, was missverständnis
und freundschaft verbindet,
an wen feuer und flamme
das wort richten werden.

niemand weiß,
was das nächstliegende papier
hin kritzeln wird als notiz
in der nacht, wenn sterne
bedeutend strahlen und sich von
der winderfahrung zerbröseltes
seemannsgarn entwirren lässt.

michael starcke

wer oder was

wer oder was
heiligt im aufkeimenden
morgen unser wissen,
dass die menschen,
die vertrieben, heimatlos
und entwurzelt
ins land kommen,
nicht vergisst?

zufällig gefundene worte
nützen ihnen nichts
oder dass sie die sonne
aufgehen sehen können
am rand einer stadt
in der fremde.

gehortet ihr kummer.
ihr glaube, ein standbild
wie augenblicke,
vor ihren augen
zerschlagen.

maßlos ihre trauer,
ein verhängnis
zwischen fiktion
und den dingen,
leben zu müssen,
als wäre man gerade gestorben.

michael starcke

gehe ich in mich

gehe ich in mich,
ist es ein wenig zum fürchten
wie damals auf der kellertreppe
als kind.

alles steht oder liegt
abschiedsbereit
im spärlichen licht
verdrahteter lampen.

modrige gewölbe
und stille,
vergessene erinnerung,
erinnertes vergessen.

an gekälkter wand
hängen schwermut
und schmerz
wie spinnengeweb.
anlehnung sucht verrostet
mein kinderrad,
das alte möbel struktur.

halt finden meine füße
auf den gepflasterten steinen.
eingeschrieben ins dunkel
verharren glaube, zukunft,
der liebe ganzer trost.

michael starcke

gerade heute

gerade heute,
es ist sonnig und blau,
versagen den bäumen
die beine. in ihren goldenen
mänteln stehen sie aufrecht
wie eine eins.

man denkt, jemand könnte
geritten kommen, anstatt
mit einer limousine vorzufahren,
der unordnung der straßen
folgend.

man denkt, alle müssten
das haus verlassen für letzte
reife süße früchte vom markt
oder für bündel von astern,
geschwenkt wie palmenwedel.

die eigene wahrheit ist immer
eine andere, unaufgeklärt
wie eine gescheiterte liebe,
so und nicht anders, wie es
die überlebensvorstellung will.

es schäkern die krähen. warum
sollte sich jemand gerade heute
in eine leere, dunkel glänzende
ritterrüstung zwängen wollen?

michael starcke

ein tag wie ein begräbnis

ein tag wie ein begräbnis,
an dem ich denke,
dass sich die toten
besser erinnern als ich,
konzentriert auf die zeremonie.

radiomusik spielt gedämpft
und fotoalben blättern sich auf
in meinem gedächtnis,
eine grube
an einem regen-
oder sonnentag.

menschen versammeln sich
zu einem ereignis,
ohne zu wissen,
was sie erwartet,
wenn sie nach hause gehen.

automobile parken ein,
entlassen gäste
in festlichen kleidern
und schwarzen anzügen.

oft hat ein leben
den glanz eines zylinders
der zusammengeklappt
zur letzten unruhe gebettet wird.

michael starcke

vor der zeit

vielleicht
wimmelt es
von schneeflocken
vor der zeit,
während ein zug
in den bahnhof einfährt,
der von niemand erwartet wird.

vielleicht
führen dich träume ans meer
oder die schneetiefe wird heute
mit einem senkblei gemessen,
während ein schrei
aus dem schlaf schreckt.

vielleicht
rostet ein schiff,
das alle hoffnungen umschließt,
vor der zeit

oder eine flaschenpost
wird hochgeschwemmt
in einem regenfass.

michael starcke

stille gärten

die amsel pfeift auf die ruhe,
wie ein dichter manchmal
das gehen vermisst
auf verwunschenen wegen.

freund der bäume
ist er schon immer gewesen,
die auch ohne ihn leben könnten,
behutsam über
sanfte wiesen schreitend.

zusammen stehen sie
wie ein mann,
versinkt einer von ihnen,
vom blitz getroffen,
im orkus der zeit
und verwildert.

zarte blumen entgehen
dem bösen zauber
achtloser schritte,
leuchten im schatten
sonnengemünzt.

vergeblich versucht ein hund,
sein dickköpfiges bellen
von außen lautstark
durch den zaun zu zwängen.

michael starcke

letzte momente

dem mächtigen baum,
einer buche,
merkt man nicht an,
dass er,
krankgeworden,
gefällt werden soll.

bisher ist er nicht
in sich
zusammengesackt,
vom schultern
des winterhimmels
zermürbt.

bisher steht er
wie eine eins,
von letzten
momenten verschont,

in denen es genügen
könnte,
dass eine schneeflocke
ihn berührt.

Manfred Burba

Ankunft in Skirotava

Wir waren drei Tage lang auf der Bahn
und wurden von Köln deportiert.
Was wir dann erlebten, hörten und sahn,
ist uns Juden in Riga passiert.

Es war eine Reise in den Tod,
doch keiner von uns kam dahinter.
Wir hatten kein Wasser und auch kein Brot
und es war bereits mitten im Winter.

In Skirotava hielt der Zug,
ein Bahnhof im Süden der Stadt.
Vom Reisen hatten wir mehr als genug
und wir waren das Warten satt.

Dann riss die SS die Türen auf
und holte uns aus dem Coupé
mit Schlägen, Geschrei und im Dauerlauf
bei eisiger Kälte und Schnee.

Das schwere Gepäck ließen wir stehn,
sie sagten, es würde gebracht.
Ins Rigaer Getto sollten wir gehn
von lettischen Posten bewacht.

Der Abmarsch zog sich und kostete Zeit;
wir standen und rangen um Haltung.
Für Kranke und Schwache hielt man bereit
drei Busse der Gettoverwaltung.

Dann, endlich, konnten wir abmarschiern
nach Riga, die acht Kilometer.
Die meisten sollten ihr Leben verliern
durch die Deutschen und andere Täter.

Die hatten noch in derselben Nacht,
die Alten, die Kranken und Kinder,
in den Wald gefahren und umgebracht:
die SS, ihre Schergen und Schinder.

Die meisten Überlebenden des Rigaer Gettos berichteten nach dem Krieg in ähnlicher Weise über die Ereignisse bei ihrer Ankunft in Riga-Skirotava, dem unbekanntem Ziel ihrer Reise.

Manfred Burba

Kommandant Krause

Im Getto von Riga wütet der Tod,
er schont weder Jung noch Alt.
Die Juden leben in ständiger Not
und in Angst vor Krauses Gewalt.

Sie sterben frühmorgens, wenn es tagt,
bei der Arbeit und dort, wo sie wohnen.
Sie sterben auf Krauses Menschenjagd
und im Getto bei Selektionen.

Oft steht er, der „Menschenfresser", am Tor,
bis er sich ein Opfer erspäht
und geht gegen kleinste Vergehen vor
mit äußerster Brutalität.

Dann, eines Tages, will Krause allein
die Getto-Wache passieren.
Der Posten, ein Trinker, lässt ihn nicht rein,
er soll sich erst legitimieren!

Da droht er dem Mann - es wird ihm zu bunt -
und er schlägt ihn und schreit ohne Pause:
„Das wirst du mir büßen, du Schweinehund.
Ich bin Obersturmführer Krause!"

Der torkelnde Posten legt auf ihn an
zum Schreck der andren Passanten!
Ein deutscher Jude entwaffnet den Mann
und rettet den Kommandanten.

So ehrenwert seine Tat auch war,
trat er für den Teufel doch ein!
Kurt Krause blieb eine große Gefahr,
denn er ließ das Morden nicht sein.

SS-Obersturmführer Kurt Krause war von Dezember 1941 bis Dezember 1942 Kommandant des Rigaer Gettos. Krause und sein Adjutant Max Gymnich machten während dieser Zeit durch besondere Grausamkeiten von sich reden.

Manfred Burba

Der Judenstern

Für H. Sch.

Wir stehen kurz vor dem Abitur
und Deutschland steht mitten im Krieg.
Wir eilen durch Lehrplan und Treppenflur
wie der Führer von Sieg zu Sieg.

In unserer Klasse gibt es jetzt
von zwanzig Primanern noch zehn,
die anderen wurden zur Flak versetzt,
um dort ihren Mann zu stehn.

Da kommt eines Morgens, selbstbewusst,
Hans Kessler zur Klasse herein
und trägt einen Judenstern auf der Brust,
ohne selber ein Jude zu sein!

Die ganze Klasse ist irritiert,
verlegen und sichtlich empört.
Er hat für die Juden sich engagiert
und Ruhe und Ordnung gestört!

Hans Kessler, mit Judenstern aus Papier,
steht da, wie ein aufrechter Mann!
Der Lehrer ist sprachlos und rennt zur Tür
und holt den Direktor heran.

Der kommt und schreit: „Was fällt dir ein,
mit den Juden zu sympathisieren?
Sie sind unser Unglück und ganz allein
schuld an dem Krieg, den wir führen!"

Dann lassen sie Kessler nach Hause gehn;
Direktor und Lehrer tagen:
Sie werden ihn als Verräter ansehn
und von der Schule verjagen.

Nach einer wahren Begebenheit, vermutlich aus dem Herbst 1941 nach Einführung des gelben Davidsterns zur Kennzeichnung der Juden in Nazi-Deutschland (Name verändert).

Manfred Burba

Der Anne-Frank-Baum

Man hat ihn über Nacht
abgesägt, den „Anne-Frank-Baum",
vor unserer Schule.

Alle waren entsetzt,
als sie vor Beginn des Unterrichts
nur noch einen Stumpf vorfanden

und die Empörung war groß,
den „Anne-Frank-Baum"
abgeholzt und gestohlen zu sehen.

Die Behörden hatten nichts damit zu tun
und sie verständigten die Polizei.
Von den Tätern fehlt jede Spur.

Man vermutet eine
rechtsradikale Gruppe hinter der Tat,
um auf sich aufmerksam zu machen.

Bei einer Umfrage kam heraus,
dass die meisten Schüler stolz auf ihren
„Anne-Frank-Baum" waren.

Niemand kann sich daher vorstellen,
dass Schüler unserer Schule
den Baum gefällt haben.

Die Direktorin sagte vor Journalisten:
man könne nur hoffen, dass der Stumpf
im Frühjahr wieder austreibe,
denn einen Ersatz gäbe es nicht.

Nach einer wahren Begebenheit im Dezember 2013.

Manfred Burba

Bunte Luftballons

Meine Enkelkinder kommen
selten zu Besuch, sie leben einige
Auto-Stunden von mir entfernt.
Diesmal hatten sie bunte
Luftballons mitgebracht
und aufgeblasen und überall
in der Wohnung verteilt.

Wenn ich durch die Zimmer gehe,
finde ich sie in jeder Ecke.
Ich stoße sie vorsichtig an
und sie rollen zur Seite,
machen kleine Sprünge oder
treffen aufeinander und gruppieren
sich neu auf dem Fußboden.

Beim Abschied blieb keine Zeit,
sie einzusammeln und
die Luft herauszulassen.
Inzwischen habe ich mich
an sie gewöhnt – sie gehören
jetzt zu meinem Alltag und
ich möchte sie nicht mehr missen:

die bunten Luftballons
meiner Enkelkinder.

Manfred Burba

Mein letzter Weg

Auf meinem letzten Weg bin ich allein
und in der Ferne leuchtet mir kein Licht.
Das Ende ist für alle Menschen gleich –
ein Leben nach dem Tode gibt es nicht.

Was habe ich auf meinem Weg erreicht?
Was bleibt von mir, wenn ich gestorben bin?
War all mein Streben nicht der Mühe wert,
weil es vergeblich war und ohne Sinn? –

Auch wenn das Leben voller Fragen war
mit Antworten, die es mir schuldig blieb,
und wenn es oft auch Krankheit war und Not,
so war es mir doch lebenswert und lieb!

Ich fühle mich am Ende wie ein Kind
und kehre froh in seine Welt zurück.
Die Tränen, die in meinen Augen sind,
begleiten meine Trauer und mein Glück.

Norbert Rheindorf

Bitte recht freundlich

Wir posten
ohne einen Gedanken
an die zu verschwenden
die alles lesen, schauen, hören
was wir hinaus posaunen
und selbst wenn wir es wissen
scheint es uns egal
es fehlt der Aufschrei
es ist viel zu still

so still

wie es immer sein wird
wenn niemand sich mehr traut
laut zu denken, zu schreiben. zu posten
weil Ungemach droht
für jeden Anflug
von Asymmetrie
im Denken

bitte recht freundlich
und stromlinienförmig

bald schon
wird man sich
für jede Abweichung
rechtfertigen müssen
und die ewigen Spitzel
werden uns markieren
im Virtuellen
als schwarze Schafe
zur gefälligen Verfolgung

Norbert Rheindorf

Ein Loch in der Zeit

Die zähen Minuten
gleichen
einem Loch
in der Zeit

hier hält man
fast den Atem an
wartet
auf Diagnosen

während das Leben
auf des Messers Schneide
nach Gleichgewicht sucht

Hände ringen
mit unsichtbaren Feinden

Blicke gehen ins Leere
und bleiben dort

beim Aufruf des Namens
verweigert
der Verstand
den Ohren fast
die Annahme der Nachricht

im besten Fall
bleibt danach
nur ein Loch in der Zeit
zurück

Norbert Rheindorf

So ein Tag

So ein Tag an dem der Regen
auf dem Fenster
Melodien sucht und Wohlklang
knapp verfehlt

so ein Tag gewoben
nur aus verlorenen Fäden
mit Tränen
in den Augen

so ein Tag auf Zehenspitzen
vorwärts tastend
ohne Verheißung

so ein Tag wie viele
namenlose
auf denen ein Leben reist
wie auf Schienen
die im Brachland enden

am Ufer
reist der Fluss in die Ferne
ohne dich
und die Milde in deinem Blick

die Fluten reißen
meine schutzlose Seele mit
die deine Fingerspitzen
dort unberührt ließen

an so einem Tag

Norbert Rheindorf

Existentielles

Ist das noch
eine Existenz
wenn sie dem Druck
von allen Seiten ausweicht
sich klein und kleiner macht
bis nichts bleibt
als ein Punkt
aus unteilbarer Qual

ist sie real
wenn sie nicht gepostet wurde
und niemand sie
im Virtuellen mag

ist Muße
ein Unwort
oder aussterbende Kunst
wie die der Sonne
die auf geschlossenen Lidern
Bilder malt
ohne Symmetrie

Hanna Fleiss

Der Waldsee

Tag ist es noch.
Das Haar der Weide kämmt der südliche Wind.
Übers Wasser streicht wispernd die Brise.

Und hinab in den See taucht
die Ralle, schwer hängt der Schatten
darüber. Der späte Nachmittag wäscht das Gold
der Sonne im Spiegel des Wassers, schrill
der Pfiff eines scheuen Vogels.

Lüfte steigen auf, espenerschütternd.
Jäh ein Flügelschlag überm See, langhalsig naht sich
das Schwanenpaar dem verborgenen
Nestgewöll. Flirrend ein Schatten in der Birke.
Kein Vogellaut noch.

Dämmerung senkt sich auf den See.
Als sei sie ein Rauch.

Hanna Fleiss

Betrogen

Vertraut wie die eigene Haut
ist uns der Gleichmut der Welt, Sichfügen
in die Unvermeidlichkeit scheint uns
der einzige Ausweg.

Unbemerkt stirbt uns das Leben, nicht
erinnern können wir uns ans Gestern. Nur dieses
Ungewisse, das wir nicht benennen wollen,
das wir, vielleicht, in unseren Träumen
zutreffend Lebensgier nennen.

Wir raffen, was vom Tische fällt.
In unserer Narrheit, die grenzenlos ist,
glauben wir uns beschenkt. Und wissen es doch:
Für uns, was übrigbleibt, wir gehören
zum Inventar.

Hanna Fleiss

Hinter den Häusern

Glasige Stille des Mittags.
Bäume und Gräser ruhen, verstummt
die Vögel und Heupferde.

Gewoge der hohen Pappeln nur,
tänzerisch, zwischen weißen Fassaden.
Fern das schlurrende Rauschen
des Stadtverkehrs.

Hoch die Sonne im Tageszenit.
Unter bunten Markisen ein Raunen von
Menschenstimmen. Und irgendwo
in den Büschen bellt ein
trauriges Hündchen.

Über die Dächer wölbt sanft sich
der Marmor des Himmels. Das Schweigen
tritt in die Schatten der Mauern.

Hanna Fleiss

Die alte Mühle

Vergessene Pfade gehen.
Gesang in den Wäldern, verdächtiges
Rascheln in Büschen, aufgeschreckt springt ein
Nachtmahr durchs Dickicht.

Im Rausche der Wiesen
Gemäuer. Die zerbrochene Zeit,
Krähen nisten darin. Aus dem
Steingeviert quillt es grün, gewaltig
ein Mühlstein schläft
hinter Schatten.

Im Brunnen verdorren die Jahre.
Des Mühlbachs Quelle strömt, und
Erlenstämme bewachen eines
Schwanenpaares Nest.

Siebenmal gestorbene Zeit.
Wind in den Wiesen, wilde Margeriten
leuchten voraus.

Hanna Fleiss

Rose Ausländer

Worte, stark wie die sanften Regen
der Bukowina. Wer hoffen kann,
ist jung, eins mit Feld und Welt
um Czernowitz.

Rose, meine Rose,
im Lande Utopia. Hier leben, äonenlang.
Lauschen dem Mond, auf den Lippen,
entschleiert, das Wort.

Den Tod überlisten
mit Traum, Poesie. Und Tage verloren
ihr Jahr.

Das Ghetto.
Wo Rosen Galgen zieren, wo aufs
Nirwana hofft, wer noch hoffen kann,
wo selbst der Tod gestorben.

Verse dann, nackt,
junge Kastanien im Wort,
Zeile um Zeile dem wunden Leibe,
der müden Seele abgetrotzt.
Ach, Rose.

Aufgestanden
aus dem Staub. Welt nun, ungezäunt,
einzig der Garten der Verse.

Hanna Fleiss

Carwitz

Das Haus des Dichters
im Grauputz der kleinen Leute.
Hier leben, fernab der großen Städte, hier, bei den
Wäldern, dem Wasser, dem Nebel.

Fallada, der Unordentliche
aus ordentlichem Hause, der mit der
gekränkten Demut vor Autoritäten, der mit dem
kleinen lauten Leben.

Dunkel, das ihn umgab, Dunkel der
Genüsse, der Drogenwelt, der ewige Hader
zwischen dem Wollen und dem Nichtkönnen.
Suse, wäre sie nicht. Ohne sie nicht der
Poet, der Dichter. Nicht Fallada.

Buch um Buch. Der kleine Mann Pinneberg,
die aus dem Blechnapf fressen - Fallada,
das Lämmchen unter Wölfen.

Die blutige Zeit.
Kein Kompromiss. Dann lieber das Idyll,
Ferienfantasien, die kleinen Märchen, Geschichten
aus der Murkelei. Er stand auf der Liste.

Der kalte Winter 47. Ein Dichterleben,
durch das Sieb der Zeiten gefallen.
Der Frost saß tief.

Hanna Fleiss

Abendstille

Jetzt, in dieser Dämmerstunde
legt der Himmel sein Graukleid an, und auf Dächern
gurren Türkentauben die Nacht ein.

Schwer legt der Atem sich
auf die erschöpfte Stadt. Weit geöffnet Balkone,
letztes Aufheulen später Autos.

Verlassen winselt ein Hund, ein Kind
schreit. Mein Weg von der Bahnstation, Schlüsselklirren,
nachbarlich ein Wort von Fenster zu Fenster.

Berauschend der Duft der Büsche, ein Star
imitiert eine Amsel, hinter Gardinen
huschen Schatten.

Nichts, was erwähnt werden müsste.

Du siehst mich an: Wie war der Tag.
Ich, stumm, leg meine Hand auf deine.
Dass du da bist.

Hanna Fleiss

Septemberfrühe

Ein Rauschen in den Bäumen,
durch die Frühe wehte der Herbstwind,
Flug der Wolken und Silber des Mondes
über den Dächern.

Im Nirgendwo lagen die Schatten,
als der Morgen erwachte. Lautlos kam er,
noch wussten die Träumer sich geborgen.
Erst die Vögel vertrieben die Stille.

Hinter den Häusern hob ihr Haupt
die Herrscherin des Himmels, rotglühend
warf sie ihren Schein in die Straßen.
Und der Tag schrie in die Stadt.

Hanna Fleiss

Zwischentage

September, erste Kühle der Nächte.
Sonnen, umnebelt, hängen über der Stadt,
Last kalbender Wolken am Horizont.
Nichts scheint dir ewig.

Der Ahorn rötet sich.
Auf dem Straßenpflaster, absichtslos,
gilbendes Pappellaub. Seidenlüfte
in den Nebenstraßen.

Über das Flüsschen
neigt sich ein morscher Weidenbaum.
Ein letztes Mal, widerborstig, will er
sein Sterben überdauern.

Sinnend dein Schritt.
Uneingestanden spürst du in jeder Fiber
die eigene Endlichkeit. Gedanken,
mit den Ängsten reisen sie.

Hanna Fleiss

Ausblick

Ich sammle meine Puppenlappen ein,
man muss schon mal ans Später denken.
Ist meine Sorge jetzt auch noch so klein,
so ab und an doch kommen mir Bedenken.

Mein Haushalt ist das leichteste Problem,
mein guter Ruf hat lebenslang gelitten.
Der ganze dumme Kram von ehedem,
ich sehe doch, an dem gibt's nichts zu kitten.

Ist ja nicht viel, was da noch von mir bleibt.
Das fehlte noch, dass ich mir Sorgen mache,
wer meiner Erben sich was einverleibt.
Wenn es soweit, dann ist es ihre Sache.

Nur eines nähme ich so gerne mit:
Das Wissen um das kleine bisschen Hoffen,
dass alles anders wird, der große Schritt
zum Wir – die Welt hat da noch etwas offen.

Peter Frank

Kirschen Pflücken

Wir nehmen das Netz ab,
Lächeln über unsere List.
Schon glüht der Eimer,
Dass die Augen schmerzen.

Wir lehnen die Leiter an die Luft.
Eine Probe unseres Mutes.
Blätter kitzeln die Stirn.
Die Schönsten hängen oben.

Wir strecken uns ins Dunkel,
Hören das Herz des Holzes.
Da drüben hängt noch eine.
Eine wird immer vergessen.

Die Alten sagen, wenn man den
Hut hindurch werfen kann,
Ist der Baum richtig geschnitten.
Wir blicken auf die ausgedienten

Zweige, fühlen etwas wie Schuld.
Wir sprechen, spucken, vertrauen,
Von den Früchten verführt,
Auf den nächsten Sommer.

Peter Frank

Friedhof im Winter

für Peter Huchel

Erstarrt
Die schroffen Monde der Brunnen.

Krähenschrei,
Als ginge ein Nagel ins Holz.

Versunken die Venen des Marmors,
Die Namen, die wir nannten.

Dunkler heben sich die Steine ins
Weiße Licht.

Es starrt der Wald durch die
Maske des Kauzes.

Peter Frank

Rückeroberung

Sommermittag.

Leere Landstraße,
Umstellt von Disteln.

Der summende
Kadaver einer Katze.

Über die Kornfelder
Streicht der Wind.

Peter Frank

Oldenswort

Gehöfte.
Hart wie der Blick des Bussards.
Der Mittag wehender Mähnen.

Wort. Geschrieben ins
Rissige Buch der Balken.
Gewiss nur der Staub.

Mit rußiger Hand
Greift Dämmerung die
Letzte Glut der Dächer.

Leise wie eine Katzenpfote
Streift Frühe durchs Dorf.
Die Felder tragen den Nebel.

Peter Frank

Nach der Lektüre eines Bandes mit neuer Literatur aus Bosnien und Herzegowina

Bosnien. Herzegowina.
Namen wie schwarze Messer,
die durch Tierkehlen gleiten.

Aus knochenweißen Trümmern
wuchsen die Minarette wie
langstielige Tulpen.

Wer zurückkehrt,
hat seine Haut, seinen Glauben,
den grünen Blick auf die Drina. Vielleicht.

Bauernsöhne blieben in den Städten.
Die Dörfer, aufgeschichtet, zerfallen,
erobert vom Heulen der Wölfe.

Dünn wie Eis auf einer Pfütze liegt
Schorf über der Wunde des Krieges.
Darunter das Blut der Frauen von Foca.

Hinter dem Willkommensschild von Gorazde
wuchern die Einschusslöcher,
wartet kein Wunder.

Schatten junger Männer,
ihre Augen geschlossen wie die
Fabriken.

Aus einer Traurigkeit
gleich den weißen Tränen Afrikas
erhebt sich der Tod Europas wie

Fliegen von einem Stierschädel.

Peter Frank

Im Bannwald

Totholz zerrieselt
zwischen den Fingern
der Zeit.

Kein Stein
erlernt die Langsamkeit
der Flechten.

Senk deinen Blick
in den Abgrund
der Schatten.

In deinem Mund
wächst der Atem
der Moose.

Hör
den Drohruf des
Auerhahns

& geh weiter.
Gorgonenhäupter
der Wurzeln.

Peter Frank

Alte Linde

Ihr Gedächtnis -
tief & grün.

Der Dorfkrug
in ihrem Schatten.

Ihr Vermächtnis
in seinem Schild.

Mittagsstille der
Mofas.

Das Lächeln des
Trottels.

Das Herz
in ihrer Rinde.

Der Wind
über den Gräbern.

Peter Frank

Jahresende

Am Himmel
verbluten die
Bäume.

Blätter fallen
still wie
Bibliotheken.

Ungelesen,
die letzte Seite
verweht.

Ich stelle die
Harke in den
Schuppen

& beuge mich
der
Schwerkraft.

Die
schwarzen Vögel
kommen näher.

Mein Herz
ist ihr
Brot.

Peter Frank

Biike

Windgeschliffener Hügel.

Strohmann,
aufgerichtet über dem
Schlaf der Riesen.
Rauhreif im Bart.

Früh
dämmert Abend in den
Augen der Kinder &
riecht nach Teer.

Februar
fasst die Fackel mit
vereisten Fingern.

Unter roten Segeln,
von Rottgänsen umkreist,
fährt aus das Flammenschiff.

Herab stürzt
die brennende Takelage des
Winters.

Peter Frank

Pferde auf den Koppeln

Erde, geduldiger Bruder,
dunkel rollend unter dem
Gesang ihrer Hufe. Mähnen,
verschwistert dem Wind.

In die Sonne galoppierend,
Himmel ohne Zaumzeug.
Zwiesprache haltend, Hälse,
mondgleich gleitend in ein

Meer aus Gras. Flanken,
Feinde des Frosts, einsam in
der Wolkenherde, ruhig wie
das Land. Gravuren in den

ältesten Gesichtern der
Steine. Menschenblicke
werden still, wenn sich
Münder zitternd nähern.

Judith Ecker

Glava

Manchmal vermischt
sich dein Schweigen
mit Regen

Sie fragt nicht
wo du bist
in Sicherheit

Wenn sie tanzt
tut sie es leise
in den Wäldern

Wischt sich Schatten
aus den Augen
mit beerenblauen Fingern

Ihren Durst versteckt
sie bei Tag
hinter Spiegeln

Ohne zu berühren
tauscht sie im Schlaf
dann ihren Atem gegen deinen

Unbemerkt weil
Träume unter Wasser
sind sehr still.

Judith Ecker

Für Einar

Solange der Wind mich wiegt
spiele ich Kind
verberge meine Zweifel
hinter Fragen
meine Angst unter Röcken
und die Gewissheit
in bunten Schachteln
unter dem Dach

Solange der Wind mich wiegt
spiele ich Kind
mache mich unsichtbar
hinter Wimpern
meine Arme zu Flügeln
und aus der Welt
eine Murmel
in meiner Hand

Solange der Wind mich wiegt
spiele ich Kind
tanze den Regen
gegen Scheiben
sammle bleiche Würmer
aus Pfützen
und singe die Geister
zurück unter das Bett.

Hermann Knehr

Hügelweg durch hohes Gras

Gemälde von August Renoir

Die ausgelassene Kinderschar
tollt durch das frühherbstliche Gras,
in Abstand folgt das Elternpaar
und lässt dem Völkchen seinen Spaß,

während die Zofe mal den einen
und mal den anderen zu sich nimmt,
damit sie nicht der zarten Kleinen
mit ihrem Streit zu nahe sind.

Das Gras ist hart, der Ginster sticht,
beschwerlich ist das Blumenpflücken,
das kleine Mädchen ängstigt sich

und möchte sich hier auch nicht bücken.
Sie hat ihr Sträußchen nur im Sinn
und hält es schützend vor sich hin.

Hermann Knehr

Die Seine beim Pont d'Iéna

Gemälde von Paul Gauguin

Das fahle Licht von einem Wintertag
scheint melancholisch auf den Uferwegen,
im Brackwasser sind Lastkähne gelegen
bedeckt mit einem alten Schneebelag.

Nur wenig Menschen gehen hier spazieren,
ein Schiffer stapelt Balken für das Deck,
der Schnee ist matschig, braun und voller Dreck
und lädt nicht ein, am Ufer zu flanieren.

Die Sonne will nicht durch die Wolken dringen,
der Tag bleibt trüb und diesig wie er war,
ein Abendrot will ihm nicht recht gelingen.

Und auch die Menschen scheinen sich zu fügen,
sie müssen mit dem Zwielicht sich begnügen
und warten stoisch auf das neue Jahr.

Hermann Knehr

Easy Rider reloaded

Nichts war so schön wie diese Zeit,
als keine Horizonte engten
und alle Straßen endlos weit
uns in die Ferne zogen, drängten,

das zu erkunden, was wir fühlten,
nur wartete, entdeckt zu werden
und wir trotz mancherlei Beschwerden
vor Lust und Lebensfreude glühten.

Nun, diese Zeit ist lang vorbei,
es kamen andre Ziele, Pflichten,
wir wurden ruhiger und dabei
verlässlicher, ohne zu richten.

Doch wenn wir weite Straßen sehen,
die in der Ferne sich verlieren,
dann zieht es uns diese zu gehen,
um etwas aufzunehmen, ihren

geheimnisvollen Zauber, der
von grenzenloser Freiheit träumt,
uns wie das endlos weite Meer
vergessen lässt was wir versäumt.

Hermann Knehr

Schnelle Zeit

Nichts hat Bestand in unsrer Zeit,
die Werte wandeln sich wie Jahreszeiten,
was heut „en vogue" ist,
ist morgen „passé"
ein „must have" gestern
und ein „no go" heut.

Die Zeit läuft schneller meint man
als vor hundert Jahren,
doch das ist nur ein eitler Wahn,
die Zeit ist ewig, wir sind nur die Sklaven,
die meinen unglaublich im Trend zu sein.

Der Zeitgeist heißt heut Schnelligkeit
und nicht mehr Tiefe,
die wir heimlich gießen
in Tagebücher
oder ein Gedicht.

Hermann Knehr

Mein lieber Gernhardt*

Mein lieber Gernhardt, was hat dich gestochen,
dass du so über die Sonette motzt,
ich blick es nicht, was haben die verbrochen,
dass du so pelzig bist und angekotzt.

Und „find ich sowas von" was soll das heißen,
hast du nichts Cooleres im Hirn du Tropf,
als auf die Poems anderer zu scheißen,
das will nun ehrlich nicht in meinen Kopf.

Entspann dich Alter, sei doch mal versöhnlich,
ein jeder dichtet eben wie er kann,
und nimm das strenge Versmaß nicht persönlich,

es ist ganz easy, glaub mir, und ich wette,
du schreibst ganz im Geheimen auch Sonette
und willst es nur nicht eingestehen Mann!

* Antwort auf Robert Gernhardts Gedicht
  „Sonette find ich sowas von beschissen"

Mirella Furlan

Fast schon Schnee

Fast schon Schnee
Auf Deinen Haaren
Lagen wir auf Bänken rum
Wollig braune Herbstlaubphrasen
Octum beige
Und wir ganz stumm.

Als zum Abend
Meine Kinder
Tropfnass sangen von der Welt
War der Nebel
In der Küche
Mit der Pizza längst bestellt.

Fast schon Schnee
Wirst Du dann sagen
Während ich die Blicke spar
Um zu meiden Dir zu sagen
Was gewesen und nicht war.

Anke Ames

Variation: für Bass solo
Einer Zeichnung Tag
wird sein
Wunde, Schmuck und Mahl.

Mal der Sonne, Kuss,
verbrannter Biss ins Haar,
ins weiße, ins schwarze, ins rabenschwarze
Haar der Wildpferde.

Und küss mich,
bevor du gehst, küss mich,
dass wir die Luft waschen und sie
wird duften nach
Jasmin.

In unseren Gärten
leckt die Sonne des Flieders
Zunge, der Baum, einer,
der Baum ist für dich und
die Sonne zeichnet mich,
der Baum, der Bass.

Wird sein
Haar der Wildpferde. Und küss mich,
bevor du gehst, küss mich,
ich hüte die Düfte,
ich hüte die Düfte für dich.
Geschmack des Apfels, den Wind,
der mir Melodien eingibt.
Rosen und Wald. Jasmin. Sauerstoff.
Und das Bogenhaar,
Haar der Wildpferde.

Ich hüte die Spuren deiner Hände
auf meinem Körper.
Ich hüte Klee und Stimme für dich.
Wenn du singst!

Dirk Werner

Vor dem Verschwinden

Wie immer gehst du hinein.
Und drehst dich einmal. Spaziert
ein Mensch für sich hier allein,
ist es gut. - Ungeniert

fingerst du manches heraus,
wendest es vorsichtig. Beug
dich, riech, zieh Stirne kraus,
sei stumm vor erhabenem Zeug.

Sieh an, dieses matte Weiß,
hier ist es. Anders dort - so.
Gehe noch einmal im Kreis.
Viel Fach aus Holz, hell, roh,

umgibt dich schweigend. Heran
rückt es, ist höflich fern.
Du hast am Ort nie was getan
als sein und: sehn. Auf dem Stern

der Geschichten. Gewisper, Geschrei
von vorherigen, von euch. Vom Bald.
Rücken und Rücken in Reih,
Verwandte geben sich Halt.

Ist hier noch einer, der liest?
Es knackt. Licht aus. Der Mann,
Buchhändler, heute schließt
kommt nur noch morgen. Bis dann.

Christian Pradel

Wenn die Zeiger an den Uhren
Pausenlos ums Zentrum kreisen
Wenn wir warten auf den Fluren
In den Hallen, an den Gleisen

Wenn die Zeit heilt viele Wunden
Manches Ding verläuft im Sande
Gehn die Wochen, Tage, Stunden
Und Minuten in die Lande

Dann wird uns allmählich dämmern
Zeit ist stofflich nicht, nicht zinnern
Das, was wir Erleben nennen
Ist doch einzig das Erinnern

Enno Kalisch

Zwischen

Morgentau im Gepäck der Nacht
Schwarze Wagen begleiten uns

Häfen werden geschlossen
Und Ertrinkende finden
Neue Inseln

Nackte Existenzen ziehen sich an
Und berühren sich

Tiefe Schuld vergeht mit den Eisbergen
Gas strömt zusammen
Zu Riesen

Müde Sonnen dampfen im Meer aus
Plastikdiamanten werden
In Tresore geschlossen

Munter unmündig
Tagt es noch
Einmal

Enno Kalisch

Abendhimmel

Einer der letzten Tage
Und Du lebst
Das versteht sich
Nicht von selbst
Das du die Sonne siehst
Die ihren Abschiedsgruss
Dir schenkt

Was diesen Frost
Der dich nicht misst heut nacht?
Jetzt, wo noch ein Licht aus klaren roten Ziegeln
Abends Deiner unbemerkt
Ins Feld winkt als Dein Gast
Den diese Kühle heimisch birgt
Die Du bald um dich hast

Bleibt uns zu sehen und zu bleiben
Sind wir ein Abdruck Deiner Zeit
Die Windräder, sie wehen weiter
rückwärts drehen sie nicht weit
Und eigentlich nicht weit genug
Bis wenn man Dich nun wieder
Auf den Händen trug

Noch lange wird uns weh sein
Die wir Dich getragen haben
Als wie der Himmel,
der uns heute Abend
dämmernd
blau umspannt

Enno Kalisch

Dank Dir

Dank Dir
Ist jede Ecke, um die ich hier gehe
Eine heimische Ecke
Der festgetretene Schnee vor dem kleinen Laden

Dank Dir
Ist die Strasse unsere Strasse wie
Der Bus, der zu uns fährt
Über diese Strasse

Die Jahreszeiten und
Der Ort, von dem ich so oft einhole
Die Freizeit und das Kino
Spaziergänge
Und die Namen der Hunde und Katzen

Sonst wäre der Himmel
Irgendein Himmel
Und der Winter irgendein Winter
Heute irgendein Tag

Du wärest heute
Irgendein Mensch

Dank Dir

Friedeborg Stisser

Besatzungssoldat

Besatzungssoldat
achtzehn Jahre jung

angehalten
das Zielfernrohr
auf die menschliche Stirn
genau zwischen die Augen
zu richten

und ... abdrücken
ein erstes Mal -
die Kniekehlen geben nach

wieder abdrücken
ein zweites Mal -
flaues Gefühl im Magen

ein drittes Mal
schießen -
kaum noch innere Regung

zum vierten Mal
den Schießbefehl
ausführen:
„Jawohl!"

(Aussage eines Soldaten!)

Wolfgang Rinn

Meine Daten liegen blank

Bin ich ein Nummernschild denn geworden,
das seiner Umwelt frei verfügbar,
entblößt vor aller Augen liegt?

Denn viele sind es,
die sich mir bemerkbar machen,
als hätten immer sie mich schon gekannt.

Der arme Postmann zeugt für sie,
und alle denken sie an mich,
als wollten sie mein Bestes nur,
sogar die Toten werden noch mit einbezogen!

Wie bin ich doch berühmt geworden,
seit meine Daten fest im Internet verankert,
lebenslang und selbst der Nachwelt
lückenlos erhalten.

Dann zwischendurch das Telefon,
es klingt so wichtig und bedeutungsvoll,
wenn Unerhörtes sie vermelden,
dass ich das große Los gezogen.

Was tun ob solcher Allmacht,
die mich fortwährend hart bedrängt?

Die Briefe, na, die lassen sich entsorgen,
davor kann ich mich selber schützen,
der Hörer meines Telefons,
der findet leicht den Weg zurück,
wo er tagsüber ruht,
im Internet, da gibt es eine Taste,
auf der das Wörtchen „Löschen" steht.

Wie aber ist es mit den Daten,
die eingespeichert, unsichtbar,
ein dauerhaftes Dasein fristen,
wie für die Ewigkeit bestimmt
und greifbar jederzeit zu finden?

Das bin nicht ich,
vielmehr die Macht in fremden Händen,
befähigt jederzeit mich heimzusuchen,
schutzlos, wehrlos, ohne jeden Beistand.

Wer wird mich schützen, ungeschehen machen,
was ständig ein Verfolger ist?

Ist das die große Politik,
die selbst den Weg beschreitet,
im Datensammeln still und heimlich,
was als Persönlichkeit besteht,
zu ihren Gunsten einzugrenzen?

Ich fürchte nein und kann nur hoffen,
dass wir durch eignes Zutun
der Gefahr entgehen, die uns
durch Missbrauch überall bedroht.

Wolfgang Rinn

Abschied

Mich dünkt, als ob ein fernes Meeresrauschen
dir Kunde gibt von jener andern Welt,
die nah dir ist, und bald wirst du vertauschen
das Lebenskleid, wenn nun der Schleier fällt.

Und Blicke werden uns zu stummen Zeichen,
so groß und weit und über uns hinaus,
vergebens suchen Hände zu erreichen,
was nun verlassen will das Erdenhaus.

Sehr leise ist der Abschied vorbestimmt,
behutsam lenkt ein Wesen deine Schritte,
der Weg, er führt hinaus aus unsrer Mitte,

indem er deine Spuren mit sich nimmt.
Ein stilles Leuchten rückt an dieser Stelle
dein Bild in uns in ungeahnte Helle.

Wolfgang Ilg

ABENDSEGEL, rotes,
fackelt schwarzen Blitz
ins All,

hisst heimlich schon
das Leichentuch an Grabes Statt.
Wer holt es ein?

Aschensegel ruft: ich weh´ die Scham hinfort!

Dann zeichnet´s Zeiten tief
wie dunkles Blut,
verbrennt um Mitternacht
den Mast.
Wer sieht´s?

Die Urnen treibt das Meer hinaus
zum Horizont:
Himmelsegel, weißes,
endlos weit ins Nichts.

Wolfgang Jatz

Wintermärchen

Nichts denken nur den Kopf
in die eisige Schneeluft strecken
Geister träufeln Balsam
in die Wunden.

Nordwaldriesen Schneeland
Am Rande der Lichtung
das Gesicht im Sturm
Im Traum die Flügel heben
windgetragen himmelwärts.

Am Zugspitz im Weiß
gleitet vorüber der Menschengeist
Die Pferde im Gezäun
grüßen die Freunde am Schlitten
Vorbei am Eisbach
keucht der Bergwurm.

Feuer sprüht der Eisgott
auf die Haut ins Hirn
Blitz fährt sengend
in die Gruft
der düst'ren Seelen.

Das Knirschen der Stiefel
im Schnee
übertönt die Stille.

Robby von der Espe

Stadt - Gleis - Zeit

Die kalten Morgenpfützen spiegeln
im Atemhauch stadtgrauen Zeitungswindes
längst vergangne Jahre her.
Titanic läuft um Litfaßsäulen ein.
Im Glanz des Stahles Gleisen Straßen
blaumüde Regenbogen in Gerüchen.
Geboren einst im Glutbett einer Ewigkeit
quietscht nun Septemberschnee um sie.
Und wie ein letztes Ahornblatt
im Fußtritt früher Bahnhofssteine
sinnst du die Kornblumen daher
und wehst der Haut der warmen Dünensommer nach.
Um jenem alten Schicksal zu entfliehen,
wie Rabenvögel, die vor Riesenkatzen tanzen,
die triste Angst in ihrem Flügelschlag entzwei.
Der Tag ist dumpf, nur hinter Türen frisch getünchter Häuser
steigt Wildbretdunst verleckt ins Haar
und küsst auf trägerlosen Rückenflaum
den Reiz allstündlichen Vergehens.

Karin Posth

cyberkriminalität

heute hält niemand mit
geheimnissen hinterm berg.
und mir nichts dir nichts
wächst uns die diktatur der
daten übern kopf.

wer sie überlebt, lebt
analog.

von oben ungehindert der blick.
gebündelte beziehungen. kein
drinnen, kein draußen.

wer ungeniert mit daten
um die häuser zieht,
lässt sich ein mit datenknackern.
tag und nacht steigen sie ein,
geheime namen auf dem schirm.

stollen werden gegraben, jeder
spatenstich überwacht, jedes
verhalten analysiert.

wer steht im verdacht? ist
spionage angebracht?

selbst regierungen reagieren
verwirrt und schlagen nicht an.

Marko Ferst

Jagdtrieb

Der graue Tag
legt sich in Pfützen
vier Tölen
tummeln sich
auf einer grünen Verkehrsinsel
einer größer als ein Wolf
mit Zitzen
die anderen etwas kleiner
dunkelbraun und hellbraun
Bäume und Büsche

Gelegentlich fährt ein PKW vorbei
weicht den Straßenwassern aus
da legt die Meute los
von zwei Seiten
springen sie das Auto an
keinerlei Furcht
der Fahrer in Not
versucht der Bande auszuweichen
spritzendes Pfützenwasser
stört nicht

Vereinzelte Fußgänger fallen sie nicht an
nur fahrende Autos begeistern

Набережные Челны, Sommer 2014

Marko Ferst

Wenige Minuten

Wie aus dem Nichts
urplötzlich stürmt es
Staubwolken türmen sich auf
treiben voran
vom Stauseestrand
und Baustellen her
breite Straßenfluchten
zwischen den Stadtblöcken
vierspurig

Wenig später
als ob es
den dichten Staubnebel
nie gegeben hätte
feine Körnchen
noch im Auge
und zwischen
Haut und Kleidung

Von der Pekarnja her
duftet frisches Weißbrot
frischer Käsequark
runde Form
von warmem Teig umhüllt[1]
jeden Tag
aufs neue
eine Versuchung

Набережные Челны, Sommer 2014
[1] *Росен Творогом*

Marko Ferst

Kontinentales Klima

Die gestaute Kama
am anderen Ufer
der langgestreckte Hügel
eine Hälfte unsichtbar
hinter graublauer Wand

Über der Stadt
die Sonne sticht
doch das eine Wolkenfeld
binnen Sekunden
spült sich der Himmel frei

Das Haltestellendach
fängt kaum ab
Straßen schwellen zu Flüssen
Selbst beschirmt
legt sich niemand an
mit den Regenpeitschen

Набережные Челны, Sommer 2014

Marko Ferst

Hexenstand in Prag

Ein Händeklatschen
schon zickerte und lachte
die ganze hutversorgte Schar
rote Augen glühten
grauhaarig
die Alten

Nach längerem Rätseln
entschied ich
für eine braun-goldene
mit schwarzen Rockstücken
die grünglänzende
war nur knapp unterlegen
unter den Hakennasigen

Nun treibt sie gelegentlich
Spektakel für die Kinder

Marko Ferst

Wolkenbruch

Fischotter mit Katzenschwanz
der Regen platscht heftig zu Boden
Eimer um Eimer
der Mäusefänger speikt über Grassoden
mitten im Regensee
später auf freiem Schuhregal
Rollkatze zum Trocknen
Fisch wird frei Haus geliefert

Marko Ferst

Das Treibhaus öffnen

Sie zermalmen
ziehen ab die Erdhäute
Treibjagd auf Häuser
die Bestände des Tertiär
landen auf Förderbändern
ganze Landschaften
werden ausgeräumt
große Mäuler schlingen
feurig die Massen
und den Kühltürmen
entsteigen weiße Kolosse
versteckt die Fäden
der Herzinfarkte
die Zeichen der Lungen
und des Atems

Dagegen hilft
auf blauschwarzen Tafeln
Sonnenlicht zu fangen
sich nicht zu verlassen auf jene Ströme
die immer neue Dörfer auslöschen
Wasser, Wind und Sonne
speisen ins eigene Haus
mit Ökoanbietern
die neue Anlagen errichten
für die Pfade
in eine solare Republik

Marko Ferst

Im Eismeer

Man sieht schon
wie Putin
in Heldenpose
schwarze Eisbären
schruppen wird

Natürlich würde
er nie zugeben
das die
Greenpeace-Aktivisten
recht gehabt
haben könnten

Welche Piraten
und Rowdys
da wohl im Kreml
hochgestapelt haben?

Wer mag wohl
eher ins Gefängnis
gehören?

Marko Ferst

Bangladesh

Da kommen sie immer wieder
reißen ihren Schlund auf
schlingen den Boden
fruchtbare Krume
jene Meeresfluten
zehren an Blech und Hütten
dringen immer tiefer
mit ihrem verderbenden Salz

Da kommen sie immer wieder
die Angstzustände steigender Pegel
es zerbricht und schlingt Menschen
die Tage des Reis sind gezählt
und es fehlt der eigene Grund
jenseits von Flachzonen
die ein Versprechen sein könnten
stattdessen diktieren Abbrüche
aus allen Poren dringt Armut
mehr als je zuvor

Noch lassen sich
die Schuldtitel nicht einklagen
in Deutschland, Amerika, Frankreich
China oder anderswo
in den Sündenpfuhlen
den Brutstätten steigender Wasser
jenen Ländern
die jedes Gericht
und jede Gerechtigkeit
zu purem Gespött machen

Es kommt Rat, Flut
und großes Schweigen

Marko Ferst

Erich Fried

Geöffnete Tore
aus dem Reich
belangloser Zeilen
ein Großmeister
politischer Verse
Wildwuchs aus Wortbrüchen
jüdisch fluchterfahren
und politische BBC-Stimme
Sachverständiger
für Krieg und Frieden
und wie man
neue Liebesbriefe
wachsen läßt

Gerne hätte ich mit dir
öfter am Kaffeetisch gesessen
und darüber debattiert
wie man richtig gute
Gedichte schreibt
regimekritisch
letzten Schliff graviert
für subversive Formen
den eigenen Ausschuß
minimiert

Wir hätten uns sicher
prächtig verstanden.

Ohne das Erinnern
an deinen Sound
vermutlich nie wieder wären
eigene Gedichte entstanden
ewig Dank an jene
die mir einst
deinen Namen verriet

Marko Ferst

Beute

Sie kannten die stille Botschaft
der Handel florierte blendend
was gab es schon groß auszurichten?
die Mammutherden sind Geschichte
auf den Marktplätzen wird Größenwahn
als Meterware verramscht
worauf kommt es nun noch an?
der nächste Reichskanzler
wird eine andere Uniform tragen
die Beute war vorher schon verteilt
der Sensenmann gelangt
zu neuen Konjunkturen
dagegen ist kein Glücksklee gewachsen
so blieb alles bei seinem Gang

Marko Ferst

Geister mit Schleimspur

Nach Mitternacht
interessieren sich neue Gäste
in wilder Verrenkung
unglaublicher Transport
schwarzgraue Kriechkreaturen
schleppen Brekkies
von dannen
aus dem Katzennapf

Marko Ferst

Atemlos

Rote Zeilen
ferne Briefe
Sommerstrahlen
öffnen aus
Vergangenem

Du bist mir
eingepflanzt
das Schicksal
trägt unsere Worte
zum Ausgang

Dein trauriges
Gesicht
blickt mir
noch immer nach
ewig brennt
so ein Abschied

Noch immer
zurückkehren wollen
doch die Füße
sind mir gebunden
etwas schleicht oft
zu dir zurück

Es erkennt die
Fakten nicht an
und beruft sich
auf die Liebe

Marko Ferst

Schneefrühling

Eisglas an Stämmen
Weiden in Wassergrund
gefrorene Schneebrocken
kämmt der Wind
aus Kiefernkronen
erste Südvögel
stimmen ihren Himmel
Märznächte mit mehr als
zehn Grad Minus

Der beige Oldtimerbus
tuckert Waldstationen ab
rotes Gemäuer
bis in die Spitze
der Grunewaldturm
viele Stufen zum Ufer
Seeränder noch beeist
Sonnenhelle
Schwarzwildfährten
erklimmen die Hänge

Weiße Bänke
Traglastfähre von 1956
dunkelgrün, stählern
zum Lindwerder
noch verwaist
ist die Insel
Betonringe drapiert
am spurengeprägten Uferweg
häßliche Marken
fürs Trinkwasser

Keine langen Ohren
horchen mehr nach Ost
zuoberst auf dem Teufelsberg
erodierte Bauten mit Kugeln
Spiegel im Wannsee
und Licht
sind alle Hänge und Horizonte

Marko Ferst

Winterlos

Erst kurz vor Weihnachten
verblich die letzte Rosenblüte
schon nach Neujahr
blühte das erste Schneeglöckchen
Ob die Schneemänner
im Februar noch kommen?

Eva Lübbe

Kinder

Aus meinen kleinen Wesen
werden allmählich Fremde,
die fortgehen
in ein eigenes Leben,

Mich zurück lassen
mit vielen Fragen,
ob ich stolz bin auf sie,
ob sich mich noch brauchen,
ob sie noch zu mir gehören.

Die mir zurück lassen
viele Spielsachen,
Erinnerungen und
Gedanken.

Sie kommen zurück
mit neuen kleinen Wesen,
zu Besuch.
Ich genieße die Nähe.
Zu kurz.

Eva Lübbe

Sofia über Fjodor

Fjodor, Sohn eines Arztes,
schreibender Militäringenieur,
engagierte sich gegen Leibeigentum.
Deshalb zum Tode verurteilt,
mit 28 Jahren.
Im letzten Moment begnadigt,
hatte er Erzählstoff
für große Romane.

Als Jugendliche verschlag ich diese,
einem nach dem anderen,
begeistert.

Kürzlich,
in den Jugenderinnerungen
der Mathematikerin
Sofia Kowalewskaja,
begegnete ich ihm wieder:
Sie sprach mit ihm am Kaffeetisch.

Nun kann ich ihn mir vorstellen, Fjodor Dostojewski.

Eva Lübbe

25 Jahre nach der Wende

Es gibt jetzt genug
Gaststätten, Bananen, Tapeten
und Klopapier.
Es gibt jetzt genug von allem.

Es gibt jetzt zu viel von allem.
Zu viel Auswahl, Werbung und Wachstum.
Zu viele Krankenkassen,
unnötige Operationen.

Aber einiges fehlt doch:
Es fehlen kleine Buchläden und kleine Bahnhöfe.
Es fehlt Zeit, Zuwendung und

eine Wende.

Eva Lübbe

Wahlplakate

Jung, hoffnungsvoll traten sie der Partei bei.
Buchstaben und Farben stehen für deren Ideen.
National
Sozial
Demokratisch
Christlich
Umweltfreundlich
Frei

Dann führte die Partei sie an Grenzen
und darüber hinaus.
Sie schämten sich ihrer Mitgliedschaft
und versuchten sie auszuradieren.

Wichtige Entscheidungen setzen die Mitgliedschaft außer Kraft,
werden nach dem Gewissen gefällt.
Mein Vater fühlte sich immer seinem Gewissen verpflichtet.
Im Krieg schoss er daneben.
Tritt nie in eine Partei ein, beschwor er mich.
Zerrissene Wahlplakate, lange nach der Wahl,
erinnern mich daran.

Gisela Verges

Beneidetes Talent

Es ist unangebracht,
Inhalt zu zeigen
im Kreise der leeren Gefäße.

Es ist unangebracht,
Brennstoff zu besitzen
unter den Ausgebrannten.

Es ist unangebracht,
etwas Besonderes werden zu wollen
unter den Gewöhnlichen.

Es ist unangebracht,
eine wärmende Sonne zu sein
und nicht der Mond.

Gisela Verges

die schatten

lassen sich vom dunkel fressen
fallen zusammen
verschmelzen
geben sich auf
und spielen grauen
mit gänsehäuten
sie kichern in sich hinein
in diesem schlund
der alles schlingt
fühlen sich wohl
dann sind sie still
ganz still
sie warten
auf das licht
damit sie wieder sind
das was sie waren
schatten
die mit uns wandeln

Gisela Verges

Wenn du sprichst

Quellen aus deinem Munde
Leere Worte
Hülsen ohne Inhalt
Das hast du gelernt
In deiner Kindheit und Jugend
Dieses schwatzhafte Verschweigen
Von Hintergründen
Von Zusammenhängen
Die dir gefährlich werden können
An die sich Fragen knüpfen
Die du nicht beantworten willst
Weil dann
Deine ganze Erbärmlichkeit
Sichtbar ist
Für dein Publikum
Drum schweige lieber

Gisela Verges

sehnsucht

deine farbe ist lila
dieses geheimnisvolle violett
in dem die träume leben
in dem sie wachsen
und neue wunschgebilde
zaubern
zart und fragil

sehnsucht

in deinen lavendelfeldern
ruht der abend
und ich berausche mich
an deinem duft

Klaus Rosin

Sternenbier

Nur Fragmente bleiben Blicke ins Kaleidoskop.
Zeitlos weht das Haar im Wind.
Wohl geboren schon als Philanthrop,
such ich Augen dort wo keine sind.

Finger auf den Sehnsuchtstasten, werde müde
eingeweckt sind zarte Harmonien
wenn ich mutlos heiße Eisen schmiede,
wird das Laub von gestern grün.

Scheint der Mond, dann führen wir Debatten
trinken Sternenbier und Morgentau.
Herzblut sitzt auf seinem Schatten
und Romantik malt den Himel blau.

Manchmal wünschte ich mein Bett hät Rollen
straff die Segel mit dem großen Zeh.
um wie Häwelmann herumzutollen,
einzufangen was ich seh.

Nur mal schaun was Kummerlöckchen machen,
bloß ein Regentropfen sein.
Das Geschirr der Träume abzuwaschen,
nah wie einst am süßen Wein.

Klaus Rosin

Rote Blätter

Gerade jetzt da muß ich öfter an dich denken
denn all das rot erinnert mich an dich.
Ich spür dein Herz auf weiß lackierten Bänken
und viele bunte Blätter streicheln mich.

Ich heb sie auf und nehm sie in die Hände
ihr Duft erinnert mich an Wein.
Gedanken schweifen in die Fremde
sie wünschen eins, bei dir zu sein.

Wie Spinnenweben möcht ich fliegen
weit über den Schweriner See.
Mir ist ein schöner Herbst geblieben
... ich steck Kastanien ein und geh.

Iris Muhl

taschenlampenunterricht

der tag manipuliert meinen zeitentwurf
wie die fruchtfliegen das eiltempo,
zehn stundenquadratmeter die sonderleistung
und die spuren auf dem holz zeichnen einen gitterrost,
mit den nägeln schleifen die füsse die parkettlandschaft,
meilenweit, wiederholt malt die sonne kreisgelbe trichter
an die wand wie im taschenlampenunterricht,
kugelrunde selbstversuche, und meine stossgebete fliegen
wie tauben gegen die betondecke,
wunsch gegen stein, ohne den unsinn zu erkennen,
die stirn ungerafft, die füsse jetzt an meinem kopf.

Iris Muhl

Stahlflossen

Mit den Stahlflossen am Napf saugt es gierig das Hafenkerosin,
als würde der Schlaf seine addierte Ferne nur beiläufig stehlen.
Dann hebt es zufällig ab und versinkt in unvertraute Höhen,
Hänsel und Gretel spielend im Azurblau der eiskalten Böhenwälder.

Grete Ruile

Herbstfinale

Ziergräser wehen sanft im Wind.
Schlanke, attraktive Pflanzen von graziler Leichtigkeit.
Goldglänzende, haferähnliche Blütenrispen
leuchten aus dunklem Hintergrund.
Sie lenken im Herbst viele Blicke auf sich,
durch ihren glänzenden Auftritt.

Grete Ruile

Wehlaut

Welkes Blättergemurmel kommt aus dem Ahornbaum.
Stürmisch löst der Wind die verblassten rot-gelben
Blätter vom Baum.

Michael Hesseler

By the way

Weide auf der Durchfahrt
mit dem Fahrrad.
Zwei grasende Tiere
in nebelig-feuchter Luft,
in Sonne und Regen,
Tag und Nacht.
Ein weißes Pferd,
ein braunes Pony.
Eine große Stute,
ein kleiner Hengst.
Zwei sich vertraute Tiere,
die alles können, nur nie
dürfen das eine Schöne
wegen Größenunterschied.
Doch Glück im Unglück.
Es leben die zwei im Gnadenbrot
mit vergleichbarem Komfort
wie zwei Alte im Pflegeheim.
Hier dementes Kauen,
dort normales Wiederkäuen.
Und beide sind daheim!
Weiteres Glück im Unglück.
Bei nächster Fahrt
ein schwarzes Pony
hat ersetzt das Pferd.

Michael Hesseler

Haarriss

Gebückt vor Hirn schleicht der Intellektuelle
im warmen Regen durch das gebändigte Helle
seinem Wenigen an Heimat zu, bis er
hinter einem fremden, leeren Gesicht
einen glänzenden Spiegel sieht.
In ihm fliegt er zurück im Haarriss der Zeit,
bis sie Fotos sprengt aus seinen Ecken. Umher
flattern nur noch Erinnerungen, lose
geflochten zu einem Blätterstrauß der Leere.
„Prüfung nicht bestanden, nicht geboren."
Erleichtert träumt der Alte seine Geschichte weg
wie schlechten Körpergeruch. Es ist genug.
Nachlassende Wachsamkeit animiert Narren,
ihr Glück weiter krampfhaft urbar zu machen.
Er kann nur noch wirre Wesenheiten ordnen.
Als ob falsches Leben richtig leben ließe!
Inkontinent geworden schmilzt sein Leben herab
zum eingezäunten Unglück im Wohnsarg.
Blinder Seher gab weinend auf und starb.
Aus fremder Lebensfülle ins ewige Dunkle.

Michael Hesseler

Depression

Liebster Mann, ich ging fremd.
Mein liebster unrasierter Mann,
ich liebe Dich, am End'.
Sie war leer vom Liebesgift,
sie war so ausgetrocknet.
Eifersucht und Depression
in seiner Seele gingen dann
eine leidvolle Allianz ein.
Moralischer Verfall an Körper,
Geist und Seele, als Mensch.
Schlafstörungen, Alkohol,
soziale Isolation und Misstrauen
waren die schrecklichen Anzeichen.
Keine Medikamente,
keine Psychotherapie
braucht der Mann.
Ihm reicht die Selbstmedikamentation
in Form von offenen Gasflaschen.
In der letzten Sekunde kämpft er an
gegen ihr sehnsüchtig gehauchtes *„Liebster."*
Das explodierende Einfamilienhaus
wird zur Kathedrale für die Buße
eines insolventen Gehörnten.
Ihr Geliebter hat zugeschaut,
im Drama der Arme lässt sie los.

Michael Hesseler

Eingeschlossen

Nachts durch die Hölle,
obdachlos im fremden Land.
Unverstanden, mit Sehnsucht
nach Frieden und Gerechtigkeit.
Nachts durch die Hölle,
psychisch krank, im Wunderland,
immer am Brotkorb lang. Mit
den neun Leben eines Katzentiers
lebt sie im schwarzen Zimmer nachts.
Die Unsterblichkeit ersäuft im trüben Wasser.
Hinter ihren glatten Wänden weicht tagsüber
das Normale dem Identitätsschwund.

Ohne Ausweis ist selbst bestimmtes Leben
in der Hölle gnadenlos ausgeliefert.
Unter dem Schein ihrer Würde
schwarz verwehen sanfte Worte
vor dem Morgentau in stummen Stimmen.
Sprache in der Auszeit von Schwarz-Weiß
versagt im tristen Beziehungsmeer.
Sind sie nicht bei sich, wird Existenz
zu Symptomen, Indizien,
zu Syndromen, Indikatoren,
zu Hypothesen, Diagnosen.
Der Tag von Paaren wird
zur Nacht im Leben.
Sterben, Tod,
Hoffnung, Liebe,
Traum, Alptraum.
Wabbelnde, vibrierende,
zuckende Gleichförmigkeit
wird zu ihrem Joch und bitter.

Michael Hesseler

Enge

Im winkeligen Netz unzähliger Gassen
eine hohle Flucht im Puppenkistenformat.
Es kommt aus ohne jegliche Norm.
Eine kleine niedliche Gasse,
schmal zugeschnitten zum
winzigen Verbindungsglied
touristischer Attraktionen.
Mittendrin oben hängt
ein historienschwangeres Schild
mit der Aufschrift Steinzeit.
Verengung der Zivilisation
zurück im Fortschritt.
Dies er ihr zeigte,
als sie noch hoffte
an ihrem Platz,
an seiner Seite.
Ruckweise Entstehung
bedeutungsschwangerer Worte,
inhaltlich aus sich selbst.
Sie zu gießen in passende Form
bleibt Schwerstarbeit,
erdrückend vor Erinnerung.

Michael Hesseler

Erinnerung an Liebe

Erinnerung an Liebe schmerzt
wie die von ihm zu ihr.
Ihre Liebe zu ihm
ist erloschen ganz leise.
Er lebte in einem Werbespot
für eine vergangene gute Sache.
Jetzt lebt sie wohl
fern der Heimat
von anderer Liebe.
Er fühlte sich wie ein Notfall,
der keiner weiteren Botschaft bedarf.
Hinter dem Vorhang des Grübelzwangs
schaut er jetzt nach vorne, im Kopf
hütet er sich wie einen künstlichen Raum.
Living our lives,
in and with love,
learning, growing, lightening.
Nichts ist zu vergessen, er ist nicht wehrlos.
Er kann jetzt den richtigen Deckel
zur Erde zu öffnen, um
seine eigene Geschichte
darunter zu entdecken.
Richtig herum hängt er
am Lebensstrang herunter
wie ein Pferd mit dem Kopf voran,
entlang den Krisenwänden.
Zukunft wird zum Loch, in das
er sich endlich hinein fühlen kann.
Aufgetaucht aus vergangenem Schlamm,
nicht untergegangen im Moor der Sorgen.
Auf der zickzackförmigen Suche
findet er sich selbst, zusammen mit ihr
der Neuen, die ihn versteht,
für ihn da ist, sich sorgt.

Michael Hesseler

Menschenwürde

Frühling. Balzen
wie Auerhähne.
Der Gewinner bekommt
das Weibchen allein.
Sie wird nicht gefragt
im alten Tierreich.
So waren wir früher.
Die Raupe frisst
so viel sie kann.
Ist sie erst ein Schmetterling,
lebt sie nicht mehr lang.
Wunderschön sieht er aus,
nur für Nachkommen er sorgt.
Bei der Evolution in der Horizontalen
ein paar Tiere höher klettern,
einen hohen Turm hinauf,
vertikal bis nach Babylon.
Bald fallen sie,
radioaktiv verseucht,
sehr tief hinunter.
Und auf ihr landet hart
die so genannte Menschenwürde.
Sogar in Freiheit, wie
ein paar Scharlatane faseln.

Michael Hesseler

Neuwert

Graue, dicke nasse Suppe
um ihn, das Auto, die Ehe.
Ihn sticht das
spitze nebelige Nichts
am Ende des weiten Tunnels,
im Dunklen unter den
sich hoch überkreuzenden
verschwommenen Baumwipfeln.
Beider Leben verblasst schleichend
zum Rande von Leben.
Ein Ende von Aufs und Abs,
in eine heile, krumme Welt
gegossen wie bunte neckische Soße.
Nur ein durchsichtiger Versuch des Seins.
Auf der Folie darunter
leblos-aufgedunsene Relikte
von Persönlichkeit mit
nach innen und außen
verklebten Augen.
Beliebig tauschbare Größen, zu verstört
für heilende Selbstbefreiung.
Den Schmerz beider Leiden
beendet jäh
ein einschlagender Meteorit.
Voraussehbar, mait...

Michael Hesseler

Stiefelchen

Sie ist
graziöses Entlang-Dackeln
in aktuellen Designermoden
auf hochhackigen Stiefelchen.

Sie ist
ein sich breit-zufriedenes Anlächeln,
ein Hier-Bin-Ich für jede Situation
an einem schönen Tag
für jede
und jeden.

Sie ist
Wissen, was sie will und nicht.
Parken des stinkigen
Mülleimers beim müden Nachbarn,
fern der verwöhnten aristokratischen Nase.

Sie ist
kein fallender Kopf durch die Guillotine,
keiner der Billigkräfte
für Putzen,
für Haus- und Gartenarbeit.
Keine Schmutz-, keine Drecksarbeit
für die verwöhnte feine Dame
mit zarten Händen,
mit zerbrechlichen Fingernägeln.

Sie ist
Brain frei für ihre Pläne!
Die müssen sein, mehr nicht.
Gute Erziehung der Kinder im Ausland,
rasch bestellte teure Verkleidung
für das Oktoberfest.

Sie ist
die Schönste im ganzen Land,
säuselt es durch Wald,
Flur und Vorstadt.

Sie ist nicht
wahre Schönheit,
ohne Lüge.

Sie ist nichts
Ohne das Geld
des reichen Unterhaltszahlers.
Bei ihr zahlt er ab
die gemeinsamen Kinder
wie in einem Ablasshandel.
Das ist er!

Michael Hesseler

Brief

Ein Brief auf dem Tisch droht
bald gelesen zu werden.
Er kennt den Absender nicht,
hat vergessen, wer er ist.
Der Brief riecht nicht gut,
darauf hat er keine Lust.
Diffus wirken auf ihn Erinnerungen
an eine kranke Seele aus der Ferne.
Später ihre Kinder erzählen ihm
von fehlender Krankheitseinsicht,
und einem hoffnungslosen Kampf
für Frieden und Gerechtigkeit,
allein gegen Windmühlen.
Er muss nicht behutsam öffnen
die Klage-Dokumente von Menschen,
die Forderungen an die ganze Welt stellen.

Michael Hesseler

Unbekannte Frau

Nur die Gier
der Männer
erweckt sie.
So lebt sie.
Fertig-Sein im Kopf,
Nicht-Wissen, wer
dabei umkommt.
Verborgen dem armen Tropf
seien es
ihre Nase,
ihr Mund,
ihr Ohr,
ihre Sinne.
Keine Chance,
wenn Du sie nimmst,
als ob sie vermint sei.
Sack aus Eis.
Gerüche töten.
Gefahr im Einerlei,
für keinen hat sie Gefühl,
außer Haien im Swimming-Pool.

Michael Hesseler

Die Ameise

Tischlein deck' dich
aus dem Labor
der Evolution.
Mutation, Selektion,
Weiterentwicklung
auf der Horizontalen.
Begleitet von einem Engelschor
der digitalen Offenbarung.
Liebesverkehr
der kleinen Ameise Karoline
mit Maja, der großen Biene.
Experiment misslungen,
kein Stich der Biene,
gerettet die Ameise.
On-Night-Stand
mit buntem Fisch,
wundersame Mutterschaft als Folge.
Experiment gelungen.
Namensgebung unklar.
Fischbiene oder
Bienenfisch.

Michael Hesseler

Essig

Quirliges Herausschälen
aus dem Sumpf der Evolution
scheitert am Startbaukasten.
Wild flackernde Kerzen werfen ihr
Weißlicht schummerig in den Raum.
Im Zickzack ablaufende Zeit,
ein Leben mit Drogen,
nicht mit Essig in Nasenlöchern.
Nur an Wahnvorstellungen hier
leidende Astrologen
schälen mit dem Sternenkompass
sich verflüchtigenden Sinn
aus einem milchig-hellen,
kalt-ungewissen Nichts.
Ihre Antworthülsen
schaffen nur kurz
Licht im Dunkeln
wie jungen Flaum.
Dem Wenigen an Muße auf
dem Fuße folgt bald
die fahl-gähnende Langeweile, dann
wieder der unsichere Griff zum Stoff.
Gleichzeitiges Fernseh-Glotzen gerinnt
zum punktweisen Abblitzen
von Zeilen mit geweiteten Augen.
Geblendet wird er ans schön-ruhige
Quoten-Kreuz genagelt und
dort hängt er lange Zeit.

Undurchdringlich-still steht
dicke Luft im zeitlosen Raum,
verbreitet sich raumlose Zeit
stressig in der Gegend.
LSD,
asthmatisches Aushusten,

Angst vor lodernd brennenden Feuern.
Sehnsucht nach Liebe gebärenden Joints,
als ob sie nur wäre Schaumstoff.
Keine Angst vor trennenden Wänden
im Hier und Jetzt der Sucht,
Menschen aller Art in blumiger Symbiose
mit schnell keimenden farbigen Pillen.
Nach endlos wachen Tagen des Kampfes
erlischt strapazierender Widerstand
in gedämpft-milchigem Moor-Nebel,
wird zur hilflos nichtssagenden Kraft.
Langeweile,
little helpers,
Zusammentreffen von Zeit und Raum
im Schnittpunkt eines Schwamms,
der jedes Lebensrinnsal aufsaugt.
An der Welt sprießendem Nabel.

Michael Hesseler

Im Norden nichts Neues

Nichts Ernstes,
kein Grund zur Besorgnis.
Magenspiegelung.
Routine.
Mageneingang mit leichter Öffnung,
Zwerchfellbruch,
wahrscheinlich vererbt.
Refluxgefahr.
Alles in Ordnung.

Nichts Ernstes,
kein Grund zur Besorgnis.
Hochsteigende Magensäure,
Reflux, alles kam hoch.
Nur brav bis zum Lebensende,
das ja nicht mehr lange dauert,
Tabletten schlucken.
Kaum Nebenwirkungen,
harmlos, gut verträglich,
auch die anderen Tabletten
gegen die Nebenwirkungen.
Und so weiter.
Operation lohnt noch nicht.
Reflux vermeiden.
Am besten wenig bis nichts
essen und trinken,
oder nur Wasser und Brot.
Wieder Wein anstatt Bier,
Noch mehr Abnehmen.
Noch mehr Fahrradfahren.
Kein Kaffee.
Kein Alkohol.
Nichts Scharfes.
Nicht zu viel Fett.
Nicht zu viel auf einmal.

Kleine Mahlzeiten.
Keine Säuren.
Auch keine Kohlensäure.
Wenig Süßes.
Hochstellen des Kopfteils des Bettes.
Nach 18 Uhr nichts mehr essen.
Besser Tabletten durchgängig nehmen,
selbst Bedarf erkennen
und entscheiden,
wenn noch nicht dement.
Bis zum Lebensende durchhalten,
wenn Sie es erleben wollen.

Nichts Ernstes,
kein Grund zur Besorgnis.
Übernahme der Praxis durch jungen Arzt,
Veränderung des Krankheitsgrads.
Jetzt chronisch.
Speiseröhrenentzündung.
Jährliche Kontrolle ein Muss.
Abkratzen des Schorfes.
Selten darunter etwas Bösartiges.
Kein Grund zur Niedergeschlagenheit
des armen Kassen-Patienten,
wogegen Hausarzt
Tabletten verschreibt,
gegen die wiederum
die Magentabletten helfen.
Alles kein Problem
bei nicht arbeitenden Rentnern,
die sich sonst nur langweilen würden.

Michael Hesseler

Indizien

Wahllos beliebige Indikatoren
kopflastiger Paradoxie im Außenraum.
Ergebnis einer Kette von Fettnäpfchen
eines hoffnungslos Verkopften.
Morbides Honig-Saugen
aus dem Sich-Unbeliebt-Machen
Mit hochgradig auflösender
negativer Energie,
pixelt er menschlichen Kern vorbei,
in ein kleines schwarzes Loch,
nur murmelgroß.
Blinden Auges sehend,
ein unmöglicher Mensch
im existenziellen Fadenkreuz
zentrifugaler und zentripetaler Kräfte.
Ein sozial-paranoides Individuum,
untergetaucht in der Masse.
Moralische Zwangssituation
gegen den aufrechten Gang
führt zu Identitätsverlust.
Verkehrt herum
durch die Einbahnstraße
der autolosen Evolution.
Ganz in Weiß
soll für ihn wieder kommen
etwas Unverbraucht-Naives,
seiner warmherzig Annehmendes.
Keine Frau,
die um ihn herum robbt,
um die Straße für ihn
vom Staub frei zu kehren.
Hoffnung auf Freude lau
treibt den Puls hoch.
Umgeben von Wahnsinnigen,
weiß er als Wahnsinniger nicht,

wer wahnsinnig ist,
wer nicht.
Heilende Ärzte,
selbst wahnsinnig und
gut versorgt von Wahnsinnigen,
scheitern systembedingt noch
an der typischen Grenzwanderung
zwischen Normalem
und Nicht-Normalem.
Die Definitionen fallen über ihn her
wie Würfel mit sechs Nullen,
die oben jemand wirft.
Nutzen vor Sinn,
Sinn vor Nutzen?

Michael Hesseler

Innenleben

Durch die Brille meines Innenlebens
auf die Welt
nah wie fern.
Nicht durch die Vanille
meines Küchenlebens
auf ein Brett,
alt und grün.
Vom Sattel
eines Fahrrads
ergießt sich viel Schönes
aus dem Hier und Jetzt
in sein fades Innenleben.
Durch Stimmungen
in anderen Welten
neue Ansichten.
Mehr nicht,
am Horizont.

Michael Hesseler

Innen und Außen

Es ist ein Traum.
Ich war in Deinem Kopf,
in Deinen Synapsen,
in Deinem limbischen System,
in Deinem Cortex und Cerebellum.

Es ist ein Traum.
Ich war in Deinem Bewusstsein,
in Deinem Denken,
in Deinem Wahrnehmen,
in Deinem Fühlen.

Es ist ein Traum.
Ich war in Dir,
in Deiner Liebe,
in Deinem Leid und Schmerz,
in Deinem Leben,
in Deinem Sterben und Tod.

Es ist ein Traum
Ich war Du,
verlor mein Ich,
war eins mit Dir,
vergaß mich.

Es war ein Traum,
bis ich die Verantwortung
wieder übernahm für mich.
Die Krankheit fiel von mir ab,
ich bin wieder gesund
an Seele,
an Körper,
an Geist.
Es fehlt nur der Glaube.

Michael Hesseler

Leonardo

Vögel kaufen, sie frei lassen.
Das ist eins für links
und in Spiegelschrift
schreibende Genies.
Test von Flugkörpern
vor der Zeitenwende.
Kriegsmaschinen
als Abfallprodukt für
die gute Versorgung
des überbegabten Mannes.
Zu verschlüsseln seine
vernetzten technischen Zeichnungen
war unpassend
für den Fortschritt in der Renaissance,
die Erfindung medizinischer Roboter.
Oder soll ein Diktator auf Reisen heute
Pygmäen verspeisen für
die Absolution des Papstes?

Da gehen sie hin mit ihm,
die Wissbegierde,
die Kreativität.

Michael Hesseler

Blockland-Symphonie

Mit flackerndem Licht
durch die Abenddämmerung
gegen jede Phobie
entlang der Wümme.
Vorbei an hochragenden Ästen,
Geisterfingern Richtung Himmel.
Auf kleinem höckerigen Baumstumpf
malen sie sich ein Kindergesicht.
Hinter sich Langeweile im Getümmel.
Langweilige Menschen,
langweilige Dinge,
langweilige Ereignisse.
Material und Stoff
für irgendeine Literatur
zwischen Autoren,
faden Germanisten,
selbstgefälligen Kritikern.
Erst Vielfalt, Literaturen,
lassen beugen den Rumpf
zu Dank und Demut.
Keine wollwollende Hilfe in Sicht
durch den blendenden Namen
eines humorvollen Orientalen.
Blockland war schon vor mir da, doch
erst jetzt schrieb sich
etwas ganz spontan auf
aus dem feucht-schummerigen Abendnebel.
Autoren, umzingelt
von eigenen und fremden Ansprüchen
im Netz von Figuren und Handlungen.
Zu den Figuren gehörte nicht ich,
sondern die Figur des Radfahrers
auf der Flucht vor mir.
Rückfahrt ohne Fahrrad.
Fahrrad ohne Rückfahrt.

Und nur der kleine Fluss
gibt mir seinen Meander-Kuss.
Äste, Zweige, Bäume
ragen haltlos in den Himmel
zur Abwehr von Bösem irgendwo.
Und das mir im Nirgendwo,
am Rande der Offenbarung.

Im Heute das Gute
von gestern für morgen.
Heute weht nur der Wind,
das nicht himmlische Kind.
Im überraschend frischen Gegenwind
ragen drei markante Äste wie Arme,
zerschneiden lautlos Luft,
zeigen seltsam auf
eine außerweltliche Deutung.
Natur durchpulst uns
zum alternativlosen Sinngefüge
in einem Dur-Akkord.
Es ist Naturgewalt
auch Lust auf Mord.
Im Begehren teure Natur löst ab
den freudlos-künstlichen Lärm,
den kaum bedienbaren,
nutzlosen Gerätetechnik-Frieden,
fernab von lebendem Gedärm.
Doch er macht sein Ding,
wenn er findet in ihr
endlich seinen kreativen Lauf.

Michael Hesseler

Puppen

Falsch aktivierte Puppen
nur noch schrien.
Deaktivierung
nach der Tage vier.
Auslaufmodell Mensch,
untergetaucht in billigem Sarg
auf Kutsche ohne Fahrer.
Du sahst Dich in ihm liegen.
Lauernd
ragte aus ihm Dein anderes Ich.
Schmatzend
griff eine Hand nach Dir.

Beflissen Alternativen
er erlog.
Sich Zurückträumen
in vergangenes Leben,
in dem zwei eineiige Zwillinge
vierhändig Klavier spielen?
Vor dem Strafgericht von Germanisten
stotterndes Vorlesen eigener Texte,
die er nicht verstehen kann?
Ist Durchgefallen mit einer fünf
das Todesurteil in einer Annonce,
die seine Inkompetenz bescheinigt?

Unter laut widerhallendem Lachen
öffentlicher Medien
operiert er sich sicherheitshalber
selbst weg.
Ohne jeden innerlichen Kampf
Kündigung des Internet-Anschlusses
und Schließen des Fensters zur Speisung
hungriger Engel,

damit der Himmel
qualifiziert fasten kann.
Langsam verblasst
Erinnerung an das Davor.

Michael Hesseler

Und?

Herr Rose steigt über den Damm
in der Hand eine Rasierklinge.
Er will nicht mehr
seit seinem Umstieg
vom Unteroffizier
zum Kriminellen
und seit Aids.
In Afghanistan heroinsüchtig geworden,
schneidet er sich abends
mit dem Kamm
eine kleine Scheibe
ab vom Horizont.

Der Mond scheint
halb auf den Kanal,
wo der arme Rose
nach Sauerstoff schon ringt.
Über ihm als Mahnmal
hell leuchtende Sterne.
Langsam im dunklen Morast
des Leinpfads tief versinkend,
packt ihn Gottesfurcht.
Dem Schrei nach Erlösung
folgt der lüsterne Gedanke
an weibliche Nacktheit.
Dann siecht er verblutend hin,
ohne dass zu seiner Rettung
ein Spaziergänger ist in Sicht.

Ein großes Loch am Horizont
unwiderruflich saugt Rose ein.
Am Kanal zurück bleiben
Tiere als Begleiter.
Und auf dem Wasser
spaziert munter
ein kleiner Wasserläufer
für ihn.
Algen,
trank,
sank.

Dietmar Spitzner

Vogeluhr

Manchmal sitzt eine Taube
über der Zwölf nicht lange
hängt unten unter der Sechs
eine Meise kein Knödel der aufhält

die Zeiger spazieren zu gehen
zwischen den Vögeln und summen
ein elektrisches Lied
das im Stromkasten übt

Dietmar Spitzner

Wilde Rose

Ich bin nicht mitten
von Blicken ereilt
wie meine Schwestern
eines anderen Glaubens

den sie nicht kennen
weil sie gleich düften
und sich vergeben
gebrochen zu sein

Da bin ich ganz anders
als zaghafte Schwester
meine Blätter am Kelch
lass' ich verstauben

bis meine Früchte
als weißes Spalier
und Segel in Büschen
nach dir erlauben

Dietmar Spitzner

Frühling

kahle äste wippen im blau
pusteln die aufreissen wollen
haften der kirsche am knochen
noch bilden sie blüten das letztemal

im april die birke hängt früchte
filigran vor schwarzweissem gerüst
oben sammelt sich eine geschwulst
von elstern geschicklich gefädelt

Dietmar Spitzner

treibjagt

wille ist im fluss der schiebt
und im huckepack noch schneller
unverbrauchtes laufen flieht
zur zielgeraden hin die wieder

weggeschwemmt von neuem blick
der lebhaft alles fallen sieht
unaufhörlich obenauf
als weiße schiffchen unbeladen

im dickicht grünem licht verliert
als ob ein zählwerk aufgeschrieben:
das treiben was von bäumen fällt
und blüten die vorbei getrieben

Dietmar Spitzner

Abendlied

Die Amsel schenkt sich
Ausschau zu halten
wo der Abend
die Würmer versteckt im Rasen

In den Stuben
die Leuchten erklingen
in Dur und in Moll
mit unter- oder übergeladenen Tönen

die Abende in jedem Haus.
Willkommen die Amsel
den First betritt
die Lichter dimmen aus

Hans-Jürgen Gundlach

Alte Liebe

Sie gingen langsam und am Stock,
die beiden Alten, vor mir her,
in grauer Hose, grauem Rock,
zu geh'n fiel ihnen schwer.

Sie hatten dreiundsechzig Jahre
gemeinsam zugebracht.
Die krummen Rücken, grauen Haare -
des ganzen Lebens Fracht.

Ein langes Leben brav ertragen,
und manchmal auch genossen.
Des And'ren Last zu tragen wagen -
war so der Bund beschlossen?

Des And'ren Last - wie schwer die wiegt!
Wer kann das nur erahnen?
Wenn man der eignen Last erliegt,
bleibt fruchtlos alles Planen.

Die Liebe - hört sie niemals auf?
Kann Mensch das ernsthaft hoffen?
In jedem kleinen Lebenslauf
bleibt doch das Ende offen.

Hans-Jürgen Gundlach

Lisa und das kleine Glück

Ich seh' sie oft, die alte Dame,
allein mit Hund die Runde dreh'n.
Verlor'n ging ihr Familienname,
man sagt: „Ach, Lisa!" und bleibt steh'n.

Und plaudert mit ihr dies und das,
der Hund, das Wetter und die Schmerzen,
Und sagt vielleicht nur irgendwas,
um Leiden weg zu scherzen.

„Nein, nein", sagt sie, „ich kann nicht klagen,
mir geht es gut noch, relativ."
Und möchte doch am liebsten sagen:
„Ich bin allein…" und seufzt dann tief:

„Ich hab' die Wohnung, etwas Geld
und bin noch relativ gesund.
Bin nicht alleine auf der Welt,
hab' meine Bücher und den Hund."

Sie trägt die Last der Lebensjahre,
doch spricht sie zärtlich mit dem Tier,
und streichelt seine grauen Haare
und kriegt sein ganzes Herz dafür.

Hans-Jürgen Gundlach

Des Lebens Sinn

> *„Ungewiß, wann die Dämmerung kommt, öffne ich alle Türen"*
> *(Emily Dickinson)*

Nein, ich weiß nicht, wann's soweit ist,
und ob du wie ich dabei bist,
und wie bald uns Nacht umfängt,
und auf wen sie sich dann senkt.

Auch wenn's leider gar nicht sein kann,
Leute, haltet 'mal die Zeit an,
hängt euch an die Uhr zu zweit dran.
Sei´s ein großer oder kleiner,
schnappt euch jeder einen Zeiger.

Und dann reißt mit euren Händen
die Kalender von den Wänden,
schüttelt ab vom Handgelenk
euer teures Zeitgeschenk.

Wenn die große Uhr erst steht,
steht auch bald, was sonst noch geht.
Alle Räder stehen still.
Was für ein Gefühl!

Statt zu schuften für mehr Wachstum,
könnt ihr ruh'n und irgendwas tun,
statt zu suchen, was Gewinn macht,
denken, was im Nichtstun Sinn macht.

Keine Eile bei euch Leuten,
eure Zukunft liegt nun platt.
Kein Erfolg ist zu erbeuten,
Kriege enden nun im Patt.
Auch Termine, die euch freuten,
finden künftig nicht mehr statt.
Tritt nun jeder auf der Stelle,

dreht nun alles sich im Kreise,
wird nun endlich und ganz schnelle
alles unversehens leise?

So als hielte unsre Welt
ihren heißen Atem an?
Was die Stille noch enthält,
kommt es endlich raus und dran?

Und ich öffne weit die Seele,
lasse rein, was vor der Tür steht.
Da ich Zeit mir nicht mehr stehle,
und doch Ängste nicht verhehle,
lass ich rein, was irgend rein geht.

Grade noch bevor es Nacht wird,
will ich sehen, fühlen hören
weiß, dass Morgen nichts mehr wach wird,
nichts wird dann den Frieden stören.

Nur das Hier und Heute zählt.
Diese Stunde, dieser Tag!
Was geschehen wird, das fehlt.
Was noch vor mir lag,

macht nun endlich keinen Schreck mehr,
gibt nun nicht mehr Sinn und Zweck her,
Doch der Gegenwartsgenuss
bringt statt Glück er auch Verdruss?

Glücklich, wer so fantasielos
für den Tag lebt wie das Vieh bloß.
Schlafend, fressend, pupend, saufend,
ohne Ziel im Kreise laufend
frag ich dennoch eigensinnig:
Wer und was und warum bin ich?
Doch die schnelle helle Antwort
wisch ich locker mit der Hand fort,
gehe zur Erkenntnisquelle,
dadurch, dass ich Fragen stelle:

Was ich sein und haben werde,
wird's getilgt von dieser Erde?
Wird es niemals jemals sein?
War's nur schöner, schnöder Schein?

Ist mein Hoffen, Bangen, Sehnen
alles, alles nur zum Gähnen?
Werfe zwar das Handtuch hin,
frage dennoch, wer ich bin.
„Was ist meines Daseins Sinn?"

In der Welt, in der kaputt geht,
was für Sinn und was für „gut" steht,
wo es euch wie mir an Mut fehlt
wenn ihr Not und Tod und Blut seht.

Wo schon in der Welt geschieht,
was uns allen einmal blüht.
Heute wird's uns aufgetischt,
was uns mal real erwischt.

Nein, ich weiß nicht, wann's soweit ist,
und ob du wie ich dabei bist,
und wie bald uns Nacht umfängt,
und auf wen sie sich dann senkt.

Peter Lechler

Prost Neujahr

Alljährlich zum Schluss die Korken knallen,
Prost Neujahr, Glück, Gesundheit vor allem!
Zuvor frohe Weihnacht und Gottes Segen,
nur Sprüche, Kontrast zu humanem Erleben?

Die Sterne vom Himmel Wünsche holen,
vielleicht bloß Ausdruck sozialer Schablonen,
Verdrängung von Wunden, die dennoch bleiben,
Versuchung, ein neues Kapitel zu schreiben?

Bei Krankheit, Verlusten, allem Entbehren
was hilft denn, flüchten, oder sich wehren,
der Liebe Not geißeln, nach Liebe suchen,
sich ändern, Fehler von andern verbuchen?

Die Stirne der Angst, ihr Gift willig trinken,
in Tiefen Kraft schöpfen, darin versinken,
das Leid zudecken, gründlich betrauern,
zur Würde finden, sich nur bedauern?

Im Mythos wird das Herz gewogen
von einem Gott am Ende der Tage,
ob es unachtsam, entfremdet, beschwert,
ob einer Feder es hält die Waage,
ein leichtes Herz wünschen, ist das denn verkehrt?

Peter Lechler

Quo vadis, Patient?

Den mühsam-rauen Weg willst du gehen,
aus Krankheit gewagt ins Leben zurück.
Neurose, Psychose als trauriges Lehen,
dein Leid als Chance, vielleicht gar als Glück?

Fortan soll Stroh sich in Gold verwandeln,
Alchemie verspricht dir die Therapie.
Dich reizen will sie, selbstständig zu handeln,
ihr Zauberspruch lautet: „Jetzt oder nie"!

Der Zweifel nagt an dem schönen Traum,
vielleicht, fürchtet er, ist es schon spät;
vergeblich der Kampf, es lohnt sich kaum,
der Tanz zwischen Wunsch und Realität?

Was wäre der Sinn all deiner Nöte,
dich selbst, deine Seele tiefer zu kennen?
Was wär, wenn das Leben alles dir böte,
dein Herz rundum satt wär, ohne zu brennen?

Peter Lechler

Polarität

Licht und Schatten -
Wellenlängen
auf einer Welt

Stille und Sturm -
Atem der Natur
auf einem Meer

Oasen und Wüste -
Kultur und Kargheit
in einem Land

krank und wohlauf -
Seiten des Seins
in einem Leib

Lust und Leid -
Hochzeit der Gefühle
in einer Brust

Peter Lechler

Wettlauf mit der Zeit

Von Chronos Strom bist du geformt, geboren,
er zog dich mit, scheinbar aus purer Lust,
im Leid versunken, seiner Macht bewusst,
du fragst, ob du dich unterwegs verloren?

Jahrzehnte lang hat er dich schnell getragen,
im Spiel von tun und lassen mittendrin,
bei Flut auch Untergang und Neubeginn,
stets drängend, wo er hinführt, schwer zu sagen.

Was macht dich denn so rastlos, treibt dich um?
Ein Jäger, Beute suchend für den Stamm -
dein Ruf - zieht Endlichkeit in ihren Bann?
Was dich bewegt, bleibt dein Mysterium.

Auf einmal hält die Zeit den Atem an,
den Wind der Wende spürst du in der Mitte,
die Liebe legt zu Füßen eine Bitte:
Nimm mich auf Reise werter Wandersmann!

Peter Lechler

Lichtblick

Beim Marathon humaner Sorgen
gabst du dich mit jeder Faser her,
für Bürden vieler, noch so schwer,
dem hellen Herzen unverborgen.

Im Psycho-Dschungel unter Blinden
als Rettungs-Profi ohne Ruh',
jenseits von dir, diesseits im du,
halfst du Verirrten, sich zu finden.

Im wohl vertrauten Gang der Dinge,
vom All herab ein Stern dir fällt,
die Wahl der Wege er erhellt,
dass sie dir deine Freiheit bringe.

Mit jedem Schritt auf neuer Tour
wirst du zur Seelen-Pilgerin,
achtsam auf dich und deinen Sinn,
ins Unbekannte führt die Spur.

Peter Lechler

Metamorphose

Ein früher Traum,
Entwurf des Selbst,
wird wirklich,
persönliche Form.

Der Selbsterfinder,
Träumer seiner Welt,
erwacht verbraucht,
ein Bild vollendet.

Was wichtig und richtig
verliert seinen Sinn,
Abschied mit Wehmut,
Werte im Wandel.

Das Ich wagt wieder,
frische Vision des Hirns,
dem Blick noch verborgen,
ein neuer Tag beginnt.

Peter Lechler

Miro - Glyphen

Es gibt keinen Stein von Rosette -
Glück beim Rätsel um alte Bilderschrift -
Schlüssel zum Tor fremder Ästhetik.

Vielleicht ist da Anubis im Zentrum,
ägyptischer Gott mit Schakalskopf,
mehräugiger Wächter unserer Nacht.

Vielleicht ist da archaischer Ausdruck,
naiv, elementar in Farbe und Stil,
aufs Neue wirklich in Kinder-Welt.

Vielleicht ist da freies Bewusstsein,
assoziativ, los von herrschender Norm,
ein Werk in der Sprache des Traums.

Vielleicht ist alles anders!

Erster Preis beim Gedichtwettbewerb der Zeitschrift „LEO";
Zu bedichten war ein Bild Miros, „Frauen und Vögel in der Nacht"

Peter Lechler

Nur das Eine?

Männer
wollen alle
nur das Eine,
wissen Frauen.
Superb, wenn beide
eins sind:
eintauchen
ins Meer der Lust,
auftauchen
auf Palmen des Glücks.

Beide
wollen jetzt
dasselbe:
vereint schlafen.
Er sehnt sich
nach Seidenhaut,
dem Glanz der Augen,
der Hitze des Schoßes,
ihrer Hingabe -
wie herrlich!

Sie will,
des Mangels leid,
besonderen Kick:
traumhaft versinken,
nach erfüllter Nacht
erquickt den Tag umarmen.
Sie will
einfach nur
tief schlafen -
wie schade!

Peter Lechler

Liebeslied

Im Garten saß er und träumte
von reichen Momenten des Glücks,
sie perlen von ihm zu ihr,
hin und zurück, wollen nicht enden.

Sein ganzes Heim atmet die Liebste:
ihr Handtuch im Bad, am Bett ihr Akt,
Bilder von ihr an der Wand
als Galerie gemalter Gefühle.

Ein Zauber zieht magisch gen Süden
ins Musen-Reich der Toskana.
Udo rockt aus der Box zum Schnurren des Alfa,
ein Kater auf Tour ins Versprechen der Nacht.

Schwingende Hügel, einsame Höfe,
Weinberge, Pinien, Schafe säumen den Weg.
Die Dämmerung hellt ein himmlischer Leuchter,
sein Licht führt sie ans begehrte Ziel.

Stimmungsvoll grüßt das Land des Brunello,
des Weindorfs Silhouette silbern am Horizont.
Ringsum singen Grillen ihr hohes Lied,
von Zypressen beschützt wird der Liebe Spiel.

Seine Lider küssen sie sanft,
Schmetterlinge im warmen Wind.
Ein Quell der Lust entspringt
in ihrem bebenden Schoß.

Peter Lechler

Beschwörung

Auf einmal hast du mein Herz erreicht,
zärtlich, innig, wie Zauber so leicht.
du wiegtest es in deiner Sichel gerne,
an deine Hand nahmst du mich sacht
durch reichen Tag ins Glück der Nacht,
auf meinen Weg streutest du Sterne.

Doch allzu bald dein Glanz verblich,
dem harten Licht des Mars er wich,
die Sterne säumten meinen Weg nicht mehr,
der Liebe Hand zog sich zurück,
im Wiegen hielt es ein, das Glück,
der Tag ward rau, die Nacht blieb leer.

Geh nicht - ich bitte dich, mein Traum,
dein Weg ins Leben braucht noch Raum.
Lass doch die Flamme nicht im Stich,
ein Hauch von dir entfacht sie schnell,
vielleicht so heftig nicht und hell,
doch wärmt sie neu, erlösche nicht!

Peter Lechler

Supernova

Zufall oder bestimmt?
Bestimmt nicht zufällig
finden sie sich,
suchen Fülle
mit Seele und Sinnen.

Musik des Universums
erklingt,
ein Augen-Blick
voll Glück
vergoldet Tristesse,
schenkt dem Moment
Essenz der Ewigkeit.

Anfang im Glanz,
aufleuchtender Stern,
vereint mit ihm
scheint Suche am Ziel,
das Herz ist toll!

Peter Lechler

Schattensprung

Die Schatten werden immer länger,
schon bog die Sonne über den Zenit,
am Morgen schienen sie dir klein und heller,
sie wichen deinem frisch verliebten Blick.

Erlebtes Trauma auf bewegtem Weg,
die Spur bleibt unverwischt im Kopf zurück,
wirft Schatten vor dich, selbst auf festen Steg,
an Gabelungen, gar auf neues Glück.

Und willst du springen über ihren Raum,
die Schwerkraft hängt wie Blei an deinem Bein,
ihn überfliegen bleibt ein schöner Traum,
dein Schatten lässt dich einfach nicht allein.

Wenn Wünsche öffnen dir ein weites Tor,
das Wagnis lockt und bremst vertrauten Lauf,
ein guter Geist legt dir die Antwort vor:
„Nimm Liebster mich mit meinem Schatten auf!"

Peter Lechler

Was bleibt?

Ich sehe dich an der Schwelle stehen -
Aufbruch in Neuland lässt Altes vergehen -
und höre es singen von ferne, today,
es klingt wie Sinatra: „I did it my way".
Die Zeit weht dir durchs lichte Haar,
bringt Trauer wie Freude, unteilbar.

Trotz Geist und Stil, die du hinterlässt,
die Bosse haben dich arg gestresst:
Zur Heilung müssten sie Brüche verbinden
und nicht verblendet Betreuer schinden.
Wie bitter, wenn die Arbeitszeit endet,
zuvor das Steuer dir wird entwendet

des Wohnheims, deinem „Pflegekind",
ein Ort, wo Kranke zu Hause sind.
Man hört dich lachen, ein Schwätzchen halten,
du bist mittendrin, nicht fern beim Verwalten,
packst an bei Krisen, trennst gar den Müll,
fast wird das Heim zum trauten Idyll.

Profil zeigst du ohne Profilneurose,
stets mit Passion für der Kranken Chose.
Du bürstest gegen den Strich der Zeit,
die Management will, Bürokratie gedeiht.
Um Werte, Würde machst du dir Sorgen,
vertraust das nun der Kohorte von Morgen.

Ein Lebenswerk bei psychisch Kranken,
sie und dein Team werden es danken.
Nur Glanz fehlt im Betreuungs-Bereich,
bei Stars gibt's Ehrungen zum Vergleich,
bescheiden wolltest du Orden nie,
verdientest den „Oscar der Psychiatrie".

Du sangst für Verrückte, wie einst Dieter Hüsch,
humorvoll und launig, ernst, auch mal jäck,
die Wehmut packt uns, wir sagen nur „tschüß",
der Tag verneigt sich, du bist dann mal weg ...

Peter Lechler

Over the rainbow

am Morgen früh unterwegs -
dunkle Wolken hängen schwer -
plötzlich der Himmel offen -
gleißende Sonne blendet -
feiner Sommer-Regen fällt -
ein bunter Bogen spannt sich
vom Süden hoch gen Norden -
Träumer tanzen auf ihm
voll Schwung und Sorge,
dass zu bald er verblasse
und sie erwachen,
ehe der Scheitel erreicht -

Peter Lechler

Wasserfarben

Mein erster Gedanke gilt dir.
Hinter dem Grau der Wolken
ein Band in Aquamarin,
Schimmer des Meers am Himmel.

Am Morgen der Ton noch zart,
stark in der Mitte des Tags,
der Abend in tiefem Blau,
ein Traum aus Lapislazuli -

Peter Lechler

Auf See

Nach Schiffbruch heil
trieb ich auf See,
allein im Boot
wohin?

Mein Herz war klamm,
der Weg mir fremd,
trotz aller Not
es ging.

Ein warmer Strom,
er zog mich mit,
über Wellen trug
der Wind.

Der Seele Segel
setzte mich,
auf neues Land
gelind.

Peter Lechler

Dialektik der Liebe

Ein Abschied lässt so leicht verzagen,
der Weg zurück schließt seine Pforte,
nach Freude, Schmerz sich wieder wagen
und träumen führt aus tristem Orte.

Erneut sich sehnen, fast vergehen,
verliebt, vereint in frischer Stunde,
achtsam auf Identität bestehen,
das Ich, Solist, wenn auch im Bunde.

Wer kann die hohe Spannung fassen,
sich nahe sein und fremd zugleich,
Freiraum fordern, wie auch lassen?
Sich selbst sein und geben macht erst reich!

Im Glück liegt beides, Asche, Glut,
der Sinne Lust, nach Sinn zu streben,
man sieht nur mit dem Herzen gut,
mit wachem Kopf Gefühle leben.

Der Strophen Stoff ist nicht aus Seide,
nur Widerspruch will er verschenken:
Die Liebe gibt dem Wandel Bleibe,
müht sich um dialektisches Denken.

Peter Lechler

Rallye d' Amour

Du sitzt im Wagen neben mir,
seit letztem Jahr sind wir auf Tour,
noch möglichst viele, hoffen wir,
der Tank halb voll, es läuft die Uhr.

Der Start ist gar nicht lange her,
dein Benz war schnell, ich kam zu spät,
fast wurde es für mich prekär,
und dennoch gab's ein Tete-a-tete.

Dein Motor heulte auf vor Lust,
verbrauchtes Öl war endlich raus,
dein Silberpfeil traf meine Brust,
schon bald hältst du vor meinem Haus.

Beim Boxenstop blickst du zurück,
Ex-Kopiloten machen Stress,
verfolgen stur dein neues Glück,
verbissen fordern sie Regress.

Gib Gas, mit voller Kraft nach vorn,
halt sie in Schach und halt die Spur,
lieblose Lover trifft dein Zorn,
die Rallye ruft dich, wag es nur.

Wir beide unterwegs, nie lahm,
von dir zu mir und umgedreht,
mal Feldweg und mal Autobahn,
dass uns bloß nie der Sprit ausgeht!

Peter Lechler

Perle an Knoblauch

Verliebte werden immer fündig,
auf Namens-Suche kess und bündig,
die Liebste, die Schönste und die Beste,
sie sei gekürt mit poetischer Geste.

„Mein Bonsai" nennt er die kleine Gestalt,
die rennt und werkelt, fast ohne Halt.
„Eichhörnchen" wäre der rechte Begriff,
dem Heim verpasst sie den letzten Schliff.

Zu futtern gibt's, gesund wie auch frisch,
Gemüse, viel Knoblauch kommt auf den Tisch.
Wie fein der schmeckt, zu Fisch wie Schnitzel,
der Spitzname passt, „mein Balkan-Fritzel".

Ihr langes Haar adrett und schwarz,
sie mag alle Viecher, ob Hund oder Katz.
Das Leben bescherte ihr treulose Kerle,
der Jetzige liebt seine „schwarze Perle".

Sie spricht verbal versiert mit Stil,
die Schneiderin kann nicht nur textil.
Neckisch stellt sie den hübschen Kopf,
den Liebsten macht sie zum „goldigen Knopf".

Nach endlosem Partner-Stress und Frust,
verging ihr auf Männer fast jede Lust.
Voll Sehnsucht nach Nähe, Wärme und Wonne,
ruft sie ihr Schätzel verzückt „meine Sonne".

Wenn einmal Streit die Ehe entzweit,
zum Glück ist auch der Humor nicht weit:
Versöhnung ohne Gefühls-Schwindel,
in Wahrheit sind beide „zwei alte Simpel".

Von Moral fast voll, das Glas jedoch leer,
nach blumigem Wort muss der Wein her.
Er schenkt ihr ein aus einem Kännel,
wünscht ihr nur Gutes, das „liebe Männel".

Peter Lechler

Schweiß des Hephaistos

Zwei Welten kreuzen sich in meiner Brust,
ein jeder kennt es, Freude dicht an Frust.
Mal nah den Tränen, andermal am Tanzen,
sich stolz beweisen, dann beschämt verschanzen.

Kontraste leben, bitter-süßes Los,
Geschwister Lust und Leid in einem Schoß.
Gefährlicher, wenn ihre Kluft versteckt,
die Grenzen fließend, wer sie sieht, erschreckt.

Das Brot vom Kuchen ist unschwer zu trennen,
verzwickter schon, der Psyche Tricks zu kennen.
Hingabe meint man, will sich selbst aufgeben,
es treibt die Sucht, man sucht nur Halt im Leben.

Das Glück im Griff?, gefragt ist mehr Vertrauen,
sein Recht behaupten, anstatt Brücken bauen?
Verlustangst hilft nicht, alte Angst verlieren,
frei wird, wer wagt, sein Ego zu riskieren.

Ergeben, siegen scheint Soldaten logisch,
ein Krieg der Herzen endet tragikomisch.
Im Streit entbrannt, gewaltlos bis zum Frieden,
die Liebe lässt sich nur im Feuer schmieden.

Peter Lechler

Farbenspiel

Eine Perle bist du mir
aus des Meeres Reich;
schimmerst da als Neptuns Zier,
den Edelsteinen gleich.

Transparent im frühen Licht,
strahlend hell am Tage;
zart rose auf dem Gesicht,
verlockt, dass man sie trage.

In Weißglut ihre Anmut schmolz,
ward trist wie trübes Harz;
bei hartem Los wie auch im Stolz
glänzt sie in tiefem Schwarz.

Peter Lechler

Morgenrot

In leuchtendes Rot
des jungen Tags
auf Alltagsspuren eile ich.
Frische Wärme früher Stunde
empfängt mich,
Vorbote des Feuers,
das mich ergreift,
heftig brennt.
Ich überlasse mich
seiner Flamme.

Peter Lechler

Ärztlich beschirmt

Zwei Dekaden gut
beschirmt und beraten
im Spiel der Worte
filigran und leicht,
nuancenreich, präzise,
psychiatrische Kunst,
konstant Dialog.

Vor Augen der andere
objektiviert und klar,
doch immer Subjekt,
biographisch geworden,
persönlich verwachsen,
mit Achtung begleitet
auf seinem Weg.

Eine Ära vorüber,
vertraut und verlässlich,
ihr Akteur stets in Bewegung,
und erstaunlich präsent;
fortan in eigener Sache
leichtgängig und wach,
für alle Fälle beschirmt.

Lassen wir los,
sind wir gut beraten.

Peter Lechler

Mutter - ein Nachruf

Gute Nacht Freundin,
war es Zeit für dich zu gehn?
Worte Reinhard Meys verdreht,
die Frage gleichwohl wahr.
Wär doch deine Zeit geblieben!

Was ich noch zu sagen hätte:
Dass du weg gingst, geht mir nah,
Tumult in meinem Herz,
Kontrast-Gefühle nicht versagen,
Gutes nur für eine Tote?

Standhaft warst du, oder stur,
Streitbar, scharf auf Harmonie,
voll Mitgefühl, arm an Distanz,
fürsorglich, gar im Übermaß,
Erziehung pur, Manipulation?

Gläubig, weltfremd bis zum Wahn,
schweren Muts, leichtfüßig das Sein,
selbstlos oder aber -süchtig?
Anstatt „oder" eher „und",
ein Mensch in seinem Widerspruch.

Unstrittig ist: Unfassbar hingegeben,
Rücksicht auf dich selbst dir fremd.
„Hier lieg' ich von der Lieb' erschlagen",
ein Wort des Dichters Donne,
Drehbuch deines Daseins.

Von ferne nah dein Nachruf klingt:
„Ich legte ab hier nur mein Kleid,
mein Kind, hör auf zu klagen,
sei du ganz deinem Herzen treu,
das bleibe dir von meiner Zeit!"

Peter Lechler

du, der Tod und ich

gestern blankes Entsetzen -
das Herz erstarrt im Schmerz -
heute mein Blut ein wilder Strom -
er reißt mich fort, da ist kein Halt -

still nimmt die Trauer meine Hand -
ergreift mich ganz, von Kopf bis Fuß -
es ist ein Kampf mit meinem Los -
nicht Sieg brauch ich, nur etwas Trost -

gegeben warst du mir, hab' Dank -
gewohnt, geschätzt und so geliebt -
oh Gott, warum, wozu nahmst du ihn fort -
warum so früh, warum? -

ich muss, ich soll - will dich nicht gehen lassen -
ganz leise lös' ich mich, mein Mann -
es fällt mir irre schwer -
bleib' dir doch tief verbunden -

heute, morgen -
immer -

Peter Lechler

und wieder Frühling

Als Kind des holden Lenz
zur Mandelblüte einst erwacht,
betört vom Duft und Charme,
die Leichtigkeit, sie reizt,
verdrängt die schwere frühe Zeit.

Ein Schwerenöter bald
in vollem Rausch der Sinne.
Ehe, Nachwuchs geben Halt,
der täglich Arbeit sturer Takt,
hält seine Sucht in Schach.

Die Liebe ging an ihm vorbei,
ein Wendepunkt, wohin?
Gottlob ein neuer Frühling naht,
an Farben reich und frisch,
ob er wohl sein Versprechen hält?

Doch viel zu früh fällt Winter ein,
heftig und hart der Frost,
die Lust erstarrt im Schmerz,
ein Trauerflor aus Schnee
auch Milde unter Kälte legt.

Dort ein müdes Leben schläft,
geschützt die Säfte sammeln sich
entfalten Kraft, im Keim die Frucht -
und wieder bricht ein Frühling an,
ihm schenkt er eine Neugeburt.

Peter Lechler

Unter Geiern

Tsunami am Mittelmeer,
Völker fordern Freiheit,
Rebellen stürzen Herrscher,
in Syrien herrscht Krieg.
Arabischer Frühling?

Mütter und Kinder fallen,
ihr Menschenrecht steht Kopf.
Das Feuer des Volks,
im Westen neu entfacht,
verlöscht es in Nahost?

Das Land wird zum OP,
der Arzt geblendet
vom Damaszener Stahl,
durchtrennt den Lebensnerv,
Hybris statt Hippokrates?

Verzweifelte auf der Flucht,
Versehrte verbleiben,
verletzt an Leib und Geist.
Verwest mit den Toten
Ethisches Erbe der Welt?

Durch syrische Gardinen
Wirft das Weltauge
Blicke aufs Schlachtfeld.
Krisis der Diplomatie:
Streitmacht statt Ohnmacht?

Von Szylla zu Charybdis
Treiben Lotsen in Not.
Der lange Weg zur Freiheit,
Mandelas Vermächtnis,
tausend und einen Versuch wert?

Das Blut gerinnt, die Geier kreisen …

Peter Lechler

Senioren-Swing

Am Anfang scheint die Zeit noch lang,
du fühlst dich fit, voll Tatendrang,
stehst satt im Saft, ein Kraft-Paket,
der Geist ist fix, der Darm, der geht.

Privat nimmst du fast jede Hürde,
wenn auch verknüpft mit etwas Bürde.
Du radelst viel und weit und hoch,
die Alpen schaffst du locker noch.

Als Chef kommst du sogleich zur Sache,
„Was soll nicht geh'n? Dass ich nicht lache!"
Ein Ziel erreicht, schon naht das zweite,
an Plänen bist du niemals pleite.

Kaum spürbar, aber immer doller,
das Haar wird dünn, der Leib wird voller;
die Muskeln schlaff, drei Zähne wackeln,
die müssen raus, du darfst nicht fackeln.

Beim Bücken sticht ein Schmerz im Knie,
den Pass erklimmst du damit nie.
Wie hieß denn nur das hohe Joch?
Dein Hirn wird dir zum schwarzen Loch.

Mit Brille und drei Implantaten,
sitzt du am Tisch beim Kreuzwort-Raten.
Du spürst die Zeit, die an dir nagt,
dein Ich wird klein, dein Mut verzagt.

Die Einsicht mildert deinen Groll,
das Glas, halb leer, ist noch halb voll.
Gepaart mit diesem neuen Blick
ist reicher Lohn und frischer Kick:

Die Arbeit, Lust wie Last, ist rum,
und Geld gibt's dennoch, gar nicht dumm!
Frei kannst du deine Zeit gestalten,
faulenzen, reisen, schreiben, walten.

Ab heute sind die andern dran,
das neue Team mit Frau und Mann.
Der Chef nach dir kriegt seine Chance,
das Haus zu halten in Balance.

Entspannt folgt nun der nächste Akt,
dich bringt kein Stress mehr aus dem Takt.
Die müssen sich die Stirne runzeln,
du schaukelst sanft und bist am Schmunzeln.

Der freche Vers klingt fast gemein,
für Ruheständler superfein.
Drum hältst du halt die Dichter-Schnute
und wünschst von Herzen alles Gute.

Peter Lechler

Auf innerer Spur

Angekommen, Reisender, bist du nie ganz -
Das Leben rollt im Rhythmus von Zufall und Ziel,
Stationen öffnen Raum für Wünsche, Pläne,
bieten Boden für Aufbau, geben dir Halt.

Dann leise, immer lauter klopft die Zeit an,
launischer Chronos schlägt frohe Stunden,
verhängt schwarze Tage, scheinbar wahllos,
brüchige Vita stellt Fragen, fordert Aufbruch.

Und wieder auf Suche, neue Strecke, zurück
bleiben Etappen, Bruchstücke des Ganzen?
Bloße Fragmente, gebrochen ohne Sinn?
Angekommen bei dir, bist du gleichwohl ganz.

Peter Lechler

… es gibt keine Fische mehr …

Die Meere mutieren zu einem Netz,
total der Fang, alle sind gleich,
Lachs oder Thun, alt oder Laich,
Mega-Profit, ein Natur-Gesetz?

Mal sind nur Flossen das Begehr,
brutal seziert bei lebendigem Leib,
Qual zu lukullischem Zeitvertreib,
Potenz aus dem Meer, mehr Lust beim Verkehr!

Unversehrtheit ist in der Charta verfügt,
natürlich nicht für den „Killer-Hai",
im Leben ist immer auch Leid dabei,
die Gier sich in eigene Taschen lügt.

Achtsam sein, mehr denn je vonnöten,
die „Wilden" haben die Tiere geehrt,
doch, dass der Hunger sie nicht verzehrt:
„Verzeih, Bruder Fisch, dass wir dich töten!"

Peter Lechler

Zufall

ein Jahr vorüber -
bunter Moment
im Strom
der Gefühle -
du lässt geh'n,
was nicht geht -
Schmerz tanzt
Im Arm des Glücks -
Verlust verliert sich,
wird fruchtbarer Boden -
für andere Frucht,
die dir zufällt -

Katharina Meiser

Offen
ist der Vorhang
mit einem Male
ein Sprung
genügt
und das Publikum
kreischt
vor Vergnügen

kaum
besetzt
die Bühne draußen
ist bunter
als solche doch verkannt

alles rast
ein Schauspiel zu sehen
und der Zuschauer
staunt
über Masken
die er täglich trägt

Katharina Meiser

dionysos

trägt in wirrendem sein
mich fort von mir in eins
und verliert
fremde welten

ich halte mich fest
an luhmanns systeme
und stürze flugs
in dein atmen hinab

ich bin stabil
in meinem modernen sträuben
und lehne mich gedankenlos
deinem glauben an

ich galoppiere im takt
über stöcke und steine
und sitze auf
deinem rücken auf

und hüpfende herzen
springen endlos
durch
tanzende körper
und absolute gedanken

Katharina Meiser

Stadtbalkon

mein place to be
ich höre autobahnmusik
die fließende zeit auf köpfe verteilt
teils verloren
teils frisch
glück und drama kreuzen sich
hier aus
hellen fenstern
in die nacht hinein
befreit mich
hier muss ich sein

Simon Bethge

superheld

schwarz gehaltene massenmäntel
stehen dicht an dich auf
dem platz
körperschaft wird ein fremdes wort
denn jemand ist da vorne
gestorben wo alle augen
sich verdrängen
ganz als statuette
verdreht liegt sein kopf
auf dem boden zwischen
lackschuhen und sonntagsatmosphäre
zerstreuung macht sich
breit
und man geht sich etwas
anderes finden
absperrband im rücken

Simon Bethge

gitterstäbe

die zeitung schrieb mir die
gedanken weg
als sie durch den park wehte
regentropfen platzen anklagend
auf dem kies
durch den meine absätze scharren
wie ungeduldige pferde
beim derby
ich lass mir noch 20 meter
um einen grund zu finden
warum ich dich verließ
einsame laternen blitzen auf
und bescheinen graunasses gras
nur noch treppe gehen
1 2 3 stufen
unten liegt die zeitung
und schwarz verlaufen lese ich:
snowden hat asyl gefunden
ich wünschte
ich könnte das auch behaupten

Henrike Hütter

Abendlicht

Licht der Abenddämmerung
im Herbst,
Sonnenuntergänge
über dem Meer,
strahlende Farbpalette,
Violett, Orange, Rosenfarben,
strahlend wie die Sonne
so hell,
dabei so bunt,
so leuchtend,
Staunen in der Kälte
der Abenddämmerung,
Menschen spazieren
durch Dünen und Sand
wie graudunkle Schatten.

Henrike Hütter

Seeufer

Unruhige Wellen
bilden sich auf dem See,
die Segelschiffe sind winterfest gemacht.
Graue Wolkenschleier
überdecken den Himmel;
Wolken ziehen sich
am Ufer des Sees tief entlang,
sie verschmelzen mit
den tiefgrauen Silhouetten
der nahen Berge.
Der erste Schnee ist gefallen,
Weiß des Schnees und
Weiß der Wolken verschmelzen,
gehen ineinander über.
Hinter dichten Schleiern wie
verborgene Riesen,
die Gipfel der Alpen

Henrike Hütter

An der Küste

Herbst an der Küste,
der Sanddorn ist reif.
Leuchtend hellorange, duftend,
betörend wartet er auf die Ernte.
Herbstfarben,
passend zum Laub
vor strahlend blauem Himmel,
vor strahlender Kulisse am Meer.

Herbst an der Küste,
betörend und wild,
stürmisch,
mit Sturmfluten,
geflutete Schiffe
stranden auf der Hafenpier.

Herbst an der Küste,
einzigartig,
erlebnishaft,
einsame Stunden
bei Wind und Wellen
mit dir.

Henrike Hütter

Herbstgeruch

Blätter, bunt
schmücken den Asphalt,
Schritte, gemessen,
vorsichtig im Herbst,
Kastanien liegen
im feuchten, tautropfennassen Gras,
man braucht sie nur
zu sammeln.
Alles liegt im Überfluss,
Beeren, Früchte, Nüsse,
Bucheckern, Eicheln,
Pflaumen, vergoren
verströmen intensiven Duft,
etwas Modriges
liegt in der Luft,
Geruch von frischen Pilzen
in waldiger Erde,
feuchtes Moos
wabert dazwischen.
Blätter, bunt
auch hier.

Henrike Hütter

Nebelschwaden

Herbst,
alles legt sich unter Dunst,
ist verborgen in Nebelschwaden.
Zarte Schleier
umhüllen
Erinnerungen an den Sommer,
verhüllen
das Laub, das überall liegt.
Unwirkliche Jahreszeit,
kündigt den Winter an,
leise, zart,
ein Schleier an Erinnerungen
verweht,
die Kälte kommt,
das Jahr ist bald
vorüber.

Henrike Hütter

Kastanien

Kastanienlaub
in den Bäumen am Ufer des Sees,
herbstlich gefärbt,
warmes Rostrot leuchtet
hervor aus dem schilfbestandenen Ufer,
das sich auch langsam
entfärbt,
von Grün zu Gelb.
In der Ferne die Weiden,
bizarr geformt,
Stämme bilden Nasen und Gesichter,
grau in der Ferne, der See.

Elisabeth Schmidt

Anonym

Name?
Schmidt.
Vorname?
Elisabeth.
Alter?
19 Jahre.
Wohnort?
Rostock.

Angelegt.
Ein weiterer Gitterstab für die Zelle.

Nur Daten.
Weiter nichts.

So bedienet euch ruhig!
Haarfarbe?
Konfektionsgröße?
Beruf?
Hobbys?
Gerne!
Reiche es euch sofort auf dem silbernen Tablett.

Kennen ist anders.

Geflüchtet.
Die Gedanken.
Sie haben euch nie gehört.

Was ich bin?
Nur Gedanken.
Weiter nichts.

Rainer Gellermann

Im Museum

Die Farbe ist des Bildes Kern,
ist manchmal hell und manchmal fern,
sagt manchmal nichts und manchmal viel.
Wie Flügel in dem Federspiel
der Uhren, die sich langsam drehn,
wie Winde, die vorüberwehn,
so wandelt sich der Kern im Bild
von klar und glatt bis weich und mild,
in Köpfen, die vorüberschreiten
und durch den Lauf der Zeiten gleiten.

Rainer Gellermann

Skagerrak

So gleich und ständig anders
Kräuseln Wolken wie alte Rauchschwaden
Am heiteren Himmel
Grüßt die Freiheit der See im Norden
Ein Blick über die
Reling des Zeithorizontes
Rollt Geschichte auf
Atmet
Krieg.

Krieg
Atmet auf
Rollt Geschichte über die
Reling des Zeithorizontes
Ein Blick zu den
Weiten Ebenen im Osten
Aus heiterem Himmel
Kräuseln Rauchschwaden wie graue Wolken
So anders, doch bedrohlich gleich.

Rainer Gellermann

Erinnerung an ein versunkenes Land

Wo löchrig Wege herrlich leuchten,
wo graues Licht den Tag erhellt,
wo blaue Hemden nichts bedeuten
und bunte Scheine sind die Illusion von Geld.

Dort lernt ich Reden in den Worten,
die folgten einer dünnen Spur
von vorgedachten Sätzen, die gleich Borten
einrahmten die Gedanken stur.

Dort lernt ich Denken in den Brüchen
zwischen Anspruch, Wahrheit, Wirklichkeit.
Ein Leben in zwei Teilen, die mit Brücken
verbunden waren und die schwankten leicht.

Dort lernt ich Tauchen in die tiefen
Freuden des Lebens ohne Pein.
Ein Flickenteppich half uns fliegen
in unserem Turm aus Elfenbein.

Denn eines kann man nicht verbiegen
an einer Jugend, die sich sucht:
Hormone werden immer siegen,
ihr Ziel ist frei und fein und bunt.

Rainer Gellermann

Deine Daten

Meine Ð@†|\| sind sicher vor Trojanern und Pishern.
Gebitst in der Cloud, gekryptet und gehashed.
Mich spioniert man nicht aus.
Erklärst du mir mit ernster Stimme.

Doch blicke ich in deine Augen,
sehe ich
deine Hormone funkeln.

Blicke ich auf deinen Mund,
verrät er mir
was du gerade denkst.

Deine Wimpern, die dunklen
berichten mir
deine verborgene Lust.

Deine Zunge, die gepiercte
erzählt mir
von deiner Suche nach dir.

Dein Drachentattoo
signalisiert mir
deine wilden Träume.

Dein Leopardenshirt
zeigt mir
mehr als du glaubst.

Keine Angst! Deine Daten
sind sicher -
bei mir.

Rainer Gellermann

Halberstadt - John Cage Projekt[1]

(so langsam wie möglich zu lesen)

Morsche Mauern, alte graue Steine
es riecht nach Moder überall.
Die kahlen Wände haben eine
Botschaft: sie künden vom Verfall.

Doch stetig klingt ein heller Ton.
Er tönt und zittert durch die Hallen,
wie Muscheln rauschen und wie Wasser fallen,
so strömend lang und monoton.

So wie er klingt, so will er bleiben,
will Uhren halten bis der Zeiger klebt.
Will Ewigkeiten dauern, doch es reiben
sich Wirklichkeiten dran, die Zeit vergeht.

Ein eisern Ring, er klammert an den Mauern.
Ein Ring, der uns auf Bilder weist
von einer Schlange, die sich beißt.
Und Tafel künden von dem Wunsch zu überdauern.

Indem sie ferne Jahre zählen,
berichten sie von Hoffnung auf die Welt,
von Menschen, die in Zukunft Friede wählen
und Kunst, die diese Welt zusammenhält.

---

1 *In Halberstadt wird in der Burchardikirche seit dem Jahr 2000 das Orgelstück asap (as slow as possible) von John Cage aufgeführt. Das Stück ist auf eine Dauer von 639 Jahre angelegt (s. http://www.aslsp.org/de/) .*

Rainer Gellermann

**Gedanken sind frei
man muss sie nur lenken**

Wie Wasser strömt aus einer Quelle
so strömen Bilder aus dem Netz.
Sie bringen Nachricht, rasend schnelle
von irgendwem nach hier und jetzt.

Wie Fluten, die über Ufer strömen,
Lawinen, die am Hange dröhnen,
wie ein Tsunami der bei Nacht,
aus Technik Trümmerhaufen macht,

so wollen sie uns ganz verschlingen
mit ihrem bunten, grellen Flackern,
mit ihrem schrillen, lauten Gackern,
wolln in die Köpfe, in die Herzen dringen.

Sie reden von Freiheit und freiem Denken
und wollen genau das in Bahnen lenken,
die einem Flussbett gleich sich winden
und stets die richtige Richtung finden.

Sie geben korrekte Begriffe vor: mal sind es Rebellen, mal Islamisten
mal Freiheitskämpfer, mal Separatisten
mal ist es Terror, mal ist es gerecht
mal ist es gut und mir wird schlecht
von diesem abgekarteten Spiel
bei dem niemand sagt, was sein eigentlich Ziel.

Doch hinter den Schleiern von falschen Worten
kämpft jeder, die Welt nach seinem Maßstab zu ordnen.
Dafür ein Chaos anzufachen, hat sich als Mittel stets bewährt
und Nachrichten aus einem Chaos sind bei Usern hoch begehrt.

So quillt der Sensationen Born
aus fremden Streit am Goldenen Horn.
Er klebert am Abend aus dem hellen Schirm,
der Anchorman sendet direkt ins Gehirn
seine Ansicht von einer besseren Welt,
in der Freiheit das ist, was er dafür hält.

Der Born wird zum Bach, wird breiter und breiter.
Er mündet in den Fluss, fließt weiter und weiter
in seinem wohlgeformten Bett - oder ist´s ein Kanal?
Die Gedanken sind frei, sie haben die Wahl.
Sie können das Ufer zwar nicht erblicken, doch strudeln sie leis:
Freiheit hat ihren Preis.

Olaf Kurtz

Korridor der Schlaflosigkeit

in den endlosen Korridoren
meiner Schlaflosigkeit
lerne ich die Kunst
meine Augenlider zu schmücken
und mich im Spiegel
nicht zu sehen
davor und
danach
bis ich die geraubten Küsse
wieder verliere
sagtest du
wenn du den Mond suchst
musst du den richtigen greifen
doch das ist nicht mein Problem
denke und sage es
als Reflex
zu schnell
um den Traum
zu fangen
bleibe ich hier
lange
auf der Zeit
abgestanden
und habe die Umgebung
gemieden
aus Pflichtgefühl
mich selbst
vergessen
bis du auftauchst
und in der Tiefe bleibst
bis ich auftauche
und nach frischer Luft schnappe
zunächst
ohne langen Atem
dann andauernd
habe ich etwas geschaffen

mein Leben
war schon
vorher
aber neu ist
mein Wunsch
und schlafe endlich ein

Olaf Kurtz

326

die Nächte altern
und werden immer schlafloser
aus den verlebten Gesichtern
kommt kaum noch
Widerspruch
und ich folge
den lauten Schatten der Musik
auf zugespitzten Mündern
irrtönend
mit verschiedenen Sprachen
langgeatmet
in den Raum
mit unzähligen Spiegeln
gedeckt
ohne Ausgang
meine Fragen
weitergeführt
unter den halbnackten Lidern
hochaufgerichtet
in dem wachsenden Lichtgebäude
verliere ich den Zusammenhang
doch über das Vermissen
haben wir nie gesprochen
deshalb halte ich
den Blick nicht lange
muss aber trotzdem
lachen

und frage
wo bin ich
in Raum 326
war die Antwort
ausgefallen
stand ich in der Küche
und habe nach mehr Wein gefragt
suche den Raum 326
und bin wieder falsch
die Augen geöffnet
in die neue Welt
wächst
Ungeduld
mit mir
bleibe ich ruhig
und frage erneut
wo bin ich
sitze neben freigelegten Körpern
und habe
deine Stimme im Ohr
wo bin ich
und du zeigst mir den Weg
Raum 326
stehe wieder außerhalb
entlang der falschen Türen
werde ich in den Flur gesetzt
und rede mit dir
in Lichtblitzen
verschwinde ich in deinen Augen
aber geführt
sitze ich wieder vor der Tür
und rede
wo bin ich
in richtigen Worten
mich wiederfindend
mit dir
Raum 326
habe ich kaum betreten
wo ist dieser Ort
wie finde ich hinaus

Daniela Kissling

Am Rande einer Nacht

Müde Lichter klatschen auf kalte Mauern.
Mondkranker Sterne Tränen tropfen leise
über den Schatten einer zitternden Stadt,
bis dass die Nähte der Dunkelheit zerreißen.

Vogelschwärme fliehen in rostige Höhen,
schmutzige Federn tanzen im trüben See.
Und stöhnt der Himmel, durstig nach Licht,
verglüht im Wind ein rosa Wolkenbrand.

Dampfende Nebel stillen Dämmerungsblut,
wenn letzte Perlen im fahlen Dunst ertrinken.
Und ich gehe, am Rande einer toten Nacht,
suche den Pulsschlag im Grau des Tages.

Daniela Kissling

Dämmerung

Es stehen Bäume, so taub und blau,
wie ein müdes Heer im Wattengrau.
Bis stockend der staubige Tag zerfällt,
beim Dämmrungskuss den Atem hält.

Dort auf dem Feld, so kühl und karg,
da rüttelt der Wind am Blumensarg.
Er streicht dem Abend ums Gesicht,
bald werfen die Sterne ihr Kupferlicht.

Es tränkt die Tannen in tödlicher Glut,
tropft auf Nadelkissen wie kaltes Blut.
Im Mondlicht zittert der dunkle Saum
am Kleid der Nacht im Fiebertraum.

Maria Weberknecht

Familie

Einsamkeit am Frühstückstisch,
Nachricht am Kühlschrank:
Wäsche hängen,
Brot holen
Geld daneben.

Zum Abend wieder da,
wieder allein.
Zettel auf dem Tisch:
Bin bei der Kosmetik,
Papa kommt später.

Frisches Brot
zum Abendessen.
Messer klappern,
Selters sprudelt im Glas -
Die Stille dröhnt.

Allein vor dem Fernseher.
Mutter in der Wanne,
Vater am Computer.
Unbemerkt ins Bett -
Niemand wünscht gute Nacht.

Maria Weberknecht

Winter

Sternenkalte Nacht,
hartes Funkeln
im fahlen Mond.

Laternenschein
verstummt im Dunkel,
schneeverschluckt.

Raues Knirschen
bricht die Stille
und die Einsamkeit.

Maria Weberknecht

Ein Regentag

Die Wolken hängen tief
von Regentropfen schwer,
verdüstern mein Gemüt -
ich vermisse Dich so sehr.

Der Fernsehturm ist ganz verhüllt,
sein Stamm ragt stumpf empor;
vor meinen Augen steht Dein Bild -
wie eine Ewigkeit kommt's mir vor,

Daß meine Hand in Deiner lag -
so lang schon ist es her;
und ich die Tränen leis' verbarg -
der Abschied fiel so schwer.

Ein sanfter Kuß lag auf Deinem Mund,
ich habe ihn geseh'n;
doch mein Herz war noch zu wund -
es durfte noch nicht gescheh'n.

Gabriele Bergschneider

Ukraine

Man möcht' demokratisch wählen,
jemand möcht' Ukrainer quälen,
die Wahlurnen steh'n bereit,
doch hier spiele man auf Zeit.

Die Zeit, sie ist vorangeschritten,
sie überhört der Menschen Bitten,
die Waffen werden präsent
und die Gegner dabei latent.

Prorussische Miliz schießt wild umher,
der Brutalität setzt man sich zur Wehr,
Gebäude werden in Brand gesetzt
die Menschen durch die Städte gehetzt.

Herr Gysi mit Vergleichsstrategien,
es war umsonst sein stetes Bemühen.
Ein Entgegenkommen wird vermisst,
deshalb klärt er sich nicht, dieser Zwist.

Politiker warten und schweigen,
mit Russland will sich niemand reiben,
die Gespräche sind nicht von Gewicht,
und viele Sanktionen helfen nicht.

Wieviel Tote muss es noch geben,
Machthaber geben ihr den Segen,
der Willkür, die ins Land einzieht,
der Mensch hingegen läuft und flieht.

Herr Putin will die Welt verkohlen,
er braucht um keine Gunst zu buhlen,
Menschenrechte werden verletzt,
nach Macht und Gier wird hier gelechzt.

Die Welt möcht' diesen Krieg bezwingen,
und Wünsche träumen vom Gelingen.
Ob der Herrgott zu Hilfe eilt,
wenn der Mensch nach Vergeltung schreit?

Und wann kehre endlich der Frieden ein,
dann stoßen wir an mit perlendem Wein,
die Trauben auf der Krim gelesen,
vorbei der Krieg, er ist gewesen.

Gabriele Bergschneider

Hoffnungslos

Hoffnungslos ist das Martyrium im Nahen Osten,
Militär erschießt Menschen auf verlorenem Posten,
wer gehen kann, flieht in die Ferne,
dort sieht man Flüchtlinge nicht gerne.

Lagertristesse vergewaltigt menschliches Dasein,
wie öd und schmutzig ist dort das Leben allein,
Menschen frösteln ohne Dach und Decken,
Kinder verängstigt durch einstigen Schrecken.

Hunger und Durst lässt die Geflüchteten darben,
sie in Lebensnot unter heißem Himmel starben,
wo bleibt die Hilfe nur in dem elenden Sumpf,
die Kriege gehen weiter, wer spielt den Trumpf?

Politiker schwelgen in ihrer Sprüche Repertoire,
doch wer in der Welt sieht wirklich ganz klar,
was muss geschehen, dass die Tyrannen gehen,
die allein nur Vorteile in ihrer Übermacht sehen.

Gabriele Bergschneider

Hippiezeit

Vergangenheit, die Zeit der Flower-Power,
der Jesuslatschen und Batikgewänder,
der „summer of love" ist vorbei,
Drogen, die Liebe war frei,
„All you need is love" wurde gesungen,
um ein friedliches Leben gerungen,
Woodstock, Janis Joplin,
auf dem Trip, nicht mehr clean,
Hausbesetzung: Leben in Kommunen,
Malereien auf Körperregionen,
Jimmy Hendrix und LSD,
„Hair" und Blumenkinderklischee,
im Irgendwo träumt noch die Illusion,
verlor'n in früherer Generation.

Werner Tiltz

Kommunikations-Renaissance

Vom Whistleblower Snowden
bin ich ein großer Fan.
Er ist kein mieser Schnüffler,
kein Mann vom Ku-Klux-Klan.

Er hat viel Mut bewiesen,
der Welt brutal gezeigt,
wozu so im Verborgenen
der Uncle Sam hin neigt.

Drum schreib ich wieder Briefe,
tausch im Gespräch mich aus
und treffe beste Freunde
zum Plausch und Gaumenschmaus.

Jana Lehmann

Sternstunden der Kindheit

Sie saßen zu zweit auf dem blanken Pferderücken,
nass und zerzaust
jauchzten sie mit dem Wind.

Sie buddelten mit beiden Händen im Dreck,
man sah nur die Augen leuchten
im schlammverschmierten Gesicht.

Sie schlichen auf Zehenspitzen zu ihrem Lager,
barfuß durch den Wald
und tauschten Geheimnisse aus.

Sie lagen Hand in Hand auf der nassen Wiese,
rochen die Blumen
und sahen den Wolken zu.

Sie gruben Schätze aus dem Bachbett,
sammelten sie in Truhen
und schleppten sie heim.

Sie warfen sich mutig auf ihre Schlitten
und rodelten mit roten Wangen
den Hügel hinab.

Jana Lehmann

Sommer am See

Dumpfer Hufschlag auf weichem Laub,
der Waldsee liegt in der Sonne.
Kamillenblüten auf ihrer Haut,
alles durchtränkende Wonne.

Sonnengewärmtes braunes Fell,
das leichte Schnauben der Pferde.
Kehliges Lachen, glockenhell,
sommerlich duftende Erde.

Zwitschernde Lieder im nahen Wald,
zwei Spechte klopfen im Flieder.
Die Einladung ihrer Lippen hallt
tief im Inneren wider.

Der Sommer seufzt,
du beugst dich hin.
Grüne Moorwasseraugen
mit goldenen Sprenkeln darin.

Jana Lehmann

Willkommen daheim

Wenn wir Freunde wären
würde ich dir schreiben,
Willkommen zurück!
würde ich mich freuen,
Was für ein Glück!
du bist wieder hier.

Wenn wir Freunde wären
würde ich dich abholen,
Hipp hipp hurra!
dir um den Hals fallen
Du bist wieder da!
und mit dir im Kreis tanzen.

Wenn wir Freunde wären
würde ich dich zum Essen einladen,
Zeig doch mal her!
mir all´ deine Bilder anschauen
Erzähl mir mehr!
und dir stundenlang zuhören.

Wenn wir Freunde wären
könntest du es kaum erwarten
mich wiederzusehen.
Willkommen daheim.

Jana Lehmann

Einsame Gespräche

Tausend Orte, zu verweilen,
Gedanken, um sie mitzuteilen,
Gefühle, um sie dir zu zeigen,
doch du willst nicht stehen bleiben.

In Träumen öffne ich mein Herz,
ich spreche immer noch mit dir.
In Wahrheit ist da nur noch Schmerz
und niemals bist du neben mir.

Ach, wären´s scharfe Worte, Hiebe,
ich würde sie gewillt empfangen.
Doch du gehst weg und gibst mir nichts,
weil du nicht willst,
dass ich dich liebe.

Jana Lehmann

Den Tod vor Augen

Einen Freund zu verlieren ist
wie in ein tiefes Loch zu fallen:

Ich bin gefangen im Schreck.
Es ist totenstill hier unten.
Dunkle Augen, herber Geruch,
tröstende Wärme - du bist weg.

Einst hasste ich deine Sturheit,
dann lernte ich, deine Geduld zu lieben.
Nun wurdest du aussortiert, ohne Frist.
Ich weine, weil du so wundervoll bist.

Tapferkeit, Willensstärke und Mut -
du wirst mir fehlen.
An dich zu denken tut immer noch gut -
dein Verlust wird mich quälen.

Der farbenfrohe Sonnenuntergang unserer Zeit
taucht die Landschaft in ein trauriges Licht.
Mein Gefängnis wird kleiner, ich renne umher
und finde den Ausweg nicht.

Im Geiste umarmen wir uns ein letztes Mal.
Auf dich wartet der Tod, auf mich die Trübsal.
Du wirst wie ein Held sterben,
stolz und allein.

Alea iacta est.
„Er ist nur ein blinder alter Gaul",
sagt mein schwarzes Loch,
bevor es mich verlässt.

Jana Lehmann

Wolkenlos

Wir waren abgehauen,
saßen im kniehohen Gras und genossen
die sanften Sonnenstrahlen,
den stillen Gesang des Tales,
den Blumenduft der Wiesen.
Dieser Tage war der Himmel wolkenlos
und unsere Herzen frei von Zweifel.

Du lehrtest mich Verantwortung
und ließest mich vertrauen.
Du brachtest mich zum Lachen und Weinen
und berührtest mein Herz.
Du warst meine Kindheit,
doch diese Zeit verging.

Seit vielen Jahren schon trage ich
dein Bild in meinem Herzen.
Ich verbringe mein Leben ohne dich,
doch ich hoffe, dass du
im Himmel auf mich wartest.

André Steinbach

Vergehende Tage

Die Jahre fallen heute auf mich
wie einsame Träume.
Dazwischen nur Hoffnung
wie Hagelsturm
im nahenden Sommer
Der Tag vergeht
schleichend,
wie er begann,
zögernd, dann aber heftig.
Noch sind sie mir nicht fremd,
die alten Lieder,
die Melodien ,
gepaart mit Vergangenheit und Zukunft
Hoffnungen,
die irgendwann im Nebel verlanden.
Ängste, die belanglos waren,
ziehen sich zurück
hinter dünne Mauern,
doch die Uhr tickt weiter,
unerbittlich,
denn nichts ist unendlich

André Steinbach

Stumme Welt

Schweigend
verliert sich die Welt
im Unendlichen.
Der Tag
liegt lautlos
und schweigt
Kein Gesang
der Vögel im Baum,
kein Rauschen
der Blätter im Wind,
kein sanftes Plätschern
vom Fluss
Die Natur verstummt
und nur aus der Ferne
dringen vereinzelte Töne,
die sich wieder verlieren.
Der Tag verhüllt
sein Gesicht
schweigsam
in grauem Nebel

André Steinbach

Eingefrorene Zeit

Zeit wie eingefroren,
das Hämmern im Kopf
stört die Gedanken.
Der blonde Tag liegt einsam
wie jetzt
die leeren Blätter
auf herbstlichen Straßen.
Die Arbeiten draußen
vor meinem Fenster lassen
alles vibrieren
wie stiller Totentanz.
Lärm dringt durch
geschlossene Fenster
und entlädt sich
in kleinem Beben.
Zeit scheint endlos
ohne behagliche Stille

André Steinbach

Kein fernes Licht

Die Sterne,
die mich kreuzen himmelwärts,
vergehen nicht.
Doch dieses ferne Licht,
es leuchtet mir so nicht.
Die Zukunft
hat ein anderes Gesicht,
mit Ungewissheit,
die mich manchmal quält,
und dunkel scheint,
als gäbe es mich nicht

Irmgard Woitas-Ern

Mein Mecklenburg-Vorpommern

Halbinsel Fischland-Darß-Zingst;
Spuren im Sand dort, wo du gingst.
Wo die Wellen an die Küste spülen,
Konnt ich mich zu Hause fühlen.
Vom Leuchtturm Darßer Ort
Wollte ich nie wieder fort.

Dampflok-Molli nach Kühlungsborn.
Wer saß auf dem ersten Wagen vorn?
Das Münster von Bad Doberan,
Gotik hatte es mir angetan.
Altstadtbummel in Stralsund
Malte ein Lächeln auf den Mund.

Roter Backstein, Kröpeliner Tor
Kam schon von weitem so vertraut mir vor.
Es grüßte mich das Tor von Anklam,
Als ich auf Usedom einst ankam.
Zum Besuch in Peenemünde
Gibt es immer wieder Gründe.

Stargard, alte Burg Penzlin;
Viele Geister sah ich ziehn.
Seenplatte, Müritz und Waren;
Bin stets gerne Boot gefahren.
Wie könnt' ich vergessen sie:
Zu Greifswald die Dicke Marie.

Denk ich an Dornbusch auf Hiddensee,
Tut tief in der Brust das Herz mir weh.
Rügen ist die Insel mit den meisten Sonnenstunden.
Auf Kap Arkona hab auch ich mein Glück gefunden.
Ein Land, wie aus tausend Sommern
Ist mein Mecklenburg-Vorpommern!

Irmgard Woitas-Ern

Modetrends

Polychrom und hoch-sonor
Kommt Designern stylisch vor.
Weiß ist Schwarz und Schwarz ist Weiß.
Auffallen um jeden Preis!

Was ist In und was ist Out?
Graue Mäuse sind jetzt laut!
Auf dem Catwalk Hungerhaken,
Als Accessoire gibt's Kakerlaken

Moderner Wohnraum strebt zur Leere,
Dafür tendiert der Schmuck zur Schwere.
Absätze wachsen in die Höhe,
Im Klatschblatt husten Flöhe.

Irmgard Woitas-Ern

Kleiner Katz trifft Flusenknilch

Kleiner Katz will wandern gehen
Und sich mal die Welt besehen.
Die Haustür macht laut „Klapp",
Kleiner Katz läuft weg im Trab.

Alles so grün hier. Ist das Gras?
Warum sind meine Pfötchen nass?
Dort im Gebüsch, da fiept etwas!
Wär doch gelacht. Ich kriege das!

Grauer Flusenknilch geht auf die Hinterbeine.
Beißt in die Pfote. Aua! Das ist meine!
Mama, Mama! Wo bist du?
Will nach Haus und meine Ruh!

Irmgard Woitas-Ern

Bogumil, Wächter der Mikrowelle

Oben auf der Mikrowelle
Sitzt ein seltsamer Geselle.
Thront auf dem Gerät,
Grinst von früh bis spät.

Probiert alle Programme aus.
„Ich bin jetzt der Herr im Haus!"
Die Mikrowelle surrt und klickt,
Während Bogy durch die Scheibe blickt.

Der Teller dreht sich lustig rund herum,
Denn unser Bogumil ist gar nicht dumm.
Jetzt grinst er von Ohr zu Ohr.
Was hat dieser Katz nur vor?

Macht geschickt die Türe auf und zu.
Mann! Das hat er raus im Nu!
Jetzt ruft er die andren Katzen ran.
„Kommt alle her und stellt euch an!"

Die anderen Katzen schauen groß.
„Was ist da bei Bogy los?"
„Steigt schon ein! Ich mach euch warm!"
Grinst er mit teuflischem Charme.

Irmgard Woitas-Ern

Elf Langnasen in China

Elf Langnasen im Reich der Mitte
Sag mir einer mal, was ist das bitte?
Vor dem Frühstück Große Mauer;
Achtung Händler auf der Lauer!
Sabine mit Frohsinn und Verstand
Trug rotes Winkelement in ihrer Hand.

Wer baute Häuser für das kleine Volk aus Stein?
Das kann nur Carl, der Spökenkieker sein.
Am Emei Shan kauft Frau sich Mautse,
Unter Freunden isst man gerne Schautse.
Elke vergaß einst, Flügel anzuschnallen.
Qigong und Taiji im Park gefiel uns allen.

Gundula hat ihren Schatz gefunden.
Anja machte beim Tanzen Überstunden.
Anke blieb fit in Tibet dank Guanyin.
Im Schlafwagen gab alles wieder einen Sinn.
Yak-Lolli, Nudeltopf und Hühnerbein
Wollten uns're Zugbegleiter sein.

Dämonen bezwang Uwe mit einem Blick.
Die Reise plante Bing mit viel Geschick:
Tigersprung bei Perlhuhntopf mit Köpfchen,
Nomaden luden uns an heiße Töpfchen.
Christina war mit Lilly nie allein.
Engelchen kann Kung-Fu! Ist das nicht fein?

Wolfgang hielt alles für die Nachwelt fest.
Wo ist der Bai Zhou? Alkoholtest!
Audienz beim Dongba? Bitte sehr!
Irmgard bimmelte hinter Jäckchen her.
Sagt selbst, ist das nicht das pure Glück?
Bald schon kehren wir zurück!

Irmgard Woitas-Ern

Trockenen Fußes

Gute Märchen muss es geben
Sonst wär vieles falsch im Leben.
Wer bin ich und was mach ich hier?
Wen liebt welches Fabeltier?

Hab lang gebraucht
Um bis hierher zu kommen.
Wär ich nicht gelaufen,
Wäre ich geschwommen.

Noch wächst mir kein Gras aus der Tasche
Ich mach mich krumm für meine Asche.
Könnt ich in die Zukunft sehen,
Würd ich übers Wasser gehen.

Fass mir ein Herz und neuen Mut
Und kauf mir einen schrägen Hut,
Mal mir ein Lächeln ins Gesicht
Und schreibe dies Gedicht.

Irmgard Woitas-Ern

Urlaubsbilder

Mach Deine Bilder
Solange Du noch glücklich bist;
Du die Welt
Von ihrer Sonnenseite siehst.
Halte fest
Was Dir jetzt wichtig ist,
Damit Du niemals mehr
Vergisst.

Irmgard Woitas-Ern

DATENSCHÜTZER

SCHÜTZT EURE DATEN
VOR WORMS UND MADEN
AFTERNOON-PHISHING
KEIN THINKFUL WHISHING!

HITCH-HIKING DATENHIGHWAY
CAR-JACKING AUF DEM DISPLAY
SOCIAL ENGINEER FRIERT
MALWARE INSTALLIERT

BESTÄTIGE
DEINSTALLATION DER ZIVILISATION
DATA ERASED
SPACE BLANK
INSERT PASSWORD

Anita Schmuck-López

Spielräume

Rund um unsere Räume herum
gläserne Wände hochgezogen
wo anderer Atem atmet noch
und andere Ohren horchen mit
- selbst wenn wir gehorchen

Und unsichtbare Gitter um uns
herum um unser Leben errichtet
immer enger und immer dichter
die Luft nun immer stickiger
- wann der Atem uns abgedreht?

Wir sitzen jetzt in einem Trakt
der hoch ist der sicher jeden isoliert
ihre Blicke sind auf uns gerichtet
die wie unsichtbare Fäden fließend

über den Ozean sich ziehen
und uns bewegen mit uns spielen
jedes Mal etwas straffer ziehen

die transatlantische Puppenspieler

Anita Schmuck-López

Sommerbild

Du sitzt noch auf der Steinmauer
wo ein Kaktus rot jetzt erblüht
in der Stirn kräuselt sich dein Haar
und deine Augen hellgrünes Strahlen
das das Leuchten der Königskerzen
im Hintergrund noch überragt.

Und hellrosa Rosen in voller Blüte
am Treppengeländer hoch sich strecken
den tiefroten Geranien entgegen gewandt
und mit versonnenem Blick eine Hand
den weichen Glanz des Tigers streicht
in der anderen Hand ein Büschel Grün.

Du trägst das weite grüne Hosenkleid
mit vielen weißen Pünktchen darin
und von grünen Beeten bist umringt
die dicht an die Mauer sich geschmiegt
zartweiße Blümchen blühen darin
und vermischst dich mit dem Grün.

Schon ist Mitte Dezember wieder
und du sitzt noch immer dort
und blickst an mich mit warmem
Sommerstrahlen denn Erinnerung
das Grün noch nicht fortgetragen
wenn auch das Schneeweiß jetzt
die Sommerfarben leise bedeckt.

Tropfen fallen auf die frische Tinte
und im Moosgrün du verschwimmst
dort wo gerade noch dein Bild
und aus feuchtem weichem Moos
kleine weiße Sternblüten sich erheben

die Blütendecke dir aus Sonne weben
vor strahlend weißem Marmorbild
von wo ein Hauch von Süden weht
dahin wo still dein Leben jetzt.

Anne Honings

In der Nacht
suche ich dich
am Morgen
finde ich einfach
nichts mehr

Anne Honings

Ich stehe im Regen
und selbst ihn verehre ich
traue mich gar nicht raus
denn du
Du hast mich
stehen lassen

Franz Rickert

Ansage

Wir sagen Euch an
was angesagt ist
wer sagt uns ab
wenn Abgesang ist?

Wer macht die Zeitansage
wann Abgang ist
wer macht die Anfrage
für die Absage?

Wer macht die Anlage
für die Ablage
wer macht den Antrag
für den Anschlag?

Wer macht die Angabe
für die Anklage
wer macht die Abfrage
für die Abgabe?

Die Jasager, die Absahner?
welche Blamage!

Franz Rickert

Kalte Schulter

Langsam pirscht er sich heran
der Isegrim, der Wintersmann
es fallen Blätter, raschelt Laub
nachts hats Rauhreif schon gegeben
Wespen wurden der Kälte Raub
Krähen sammeln sich im Nebel.

Die Heizung läuft und manche Nase
sie reizt nicht nur der Schornsteinrauch
Mütz' und Handschuh kommen in Gebrauch
um zu durchstehen diese Phase
richtig hell wird's auch nicht mehr
dafür dunkelt's umso eher.

Es gibt viel zu tun, Herr Kältemeister
da wär' der Boden fest zu frieren
alles dann leicht einzuzuckern
oder mit Graupel zu garnieren
oder mit Eis zu glasieren
oder mit Sternchen zu verzieren
und alles dann kalt zu servieren.

Doch wir wissen uns zu wehren
mit Streuen und Kehren
mit Zündeln und Backen
mit Glühen und Packen
mit Fräsen und Ketten
das hält uns fit, wollen wir wetten?

Ach, werd' uns nicht zu lang die Pirsch
bis uns wieder blüht der Kirsch
bis die Wärme wieder da
und die Vögel aus Afrika
die Sonne macht Urlaub auf Hawaii
wer wäre nicht gerne mit dabei?

Norbert Autenrieth

Apfelernte in Südtirol

Netze im Altweibersommer
über endlosen Plantagen,
darunter Apfelhecken
strotzend vor Grün,
in Korsette geschnürt,
maschinenfreundlich ausgerichtet.
In dicken Trauben rote Apfelklone
makellos und bissheischend,
schneewittchentauglich.

Im Akkord gepflückt,
industriell verwertet,
weltweit verschickt.

Norbert Autenrieth

Politisches Gruselett 2014

(frei nach Morgenstern)

Was gaukelt da im Merkelbusch?
Husch, husch, husch, husch!
Was schwesigt lind im Leyenwind?
verschwind, verschwind!
Da! Schäublesweise lockt ein Maas,
will Fraß! will Fraß!
Hendrickst dort das Nahleslein?
Wenig fein, wenig fein.
Es meiert stein das Gabriel,
oh meiner Seel, oh meines Seel!
Es wankt da schon der Doberindt,
ein Ende find´, ein Ende find´!
Mit Grohe müllert da ein Schmidt
ganz ohne Tritt, ganz ohne Tritt!.
Alt meiert gar das Maizière!
Jetzt bleib nicht mehr, jetzt bleib nicht mehr

Norbert Autenrieth

Der Okrieg

Auf Kriegspfad ging das große O
gehässig war es sowieso.
Die kleinen o´s – oh wie gemein,
die fraß es gierig in sich `rein.
Aus Pesto wurde so die Pest
und flt von flott blieb nur zuletzt.
Verstümmelt gab das Lotto auf,
und Lottes Hochzeit war versaut.

Die Germanisten rief man bald
zwecks Linderung des Sachverhalt.
Man diskutierte Tag und Nacht,
manch´ sprachliche Verrenkung macht,
versucht die Worte zu ersetzen,
und merkte bald dann mit Entsetzen,
das selbst das Wort wurd´ angegriffen,
und zu `nem wrt herabgeschliffen.

Verzweiflung nahm nun überhand,
da eine Lösung unbekannt.
Das GroßO aber schwoll und schwoll
und war von Kleinos gänzlich voll
Als sich noch Moos hat einverleibt,
da war der Wendepunkt erreicht:
Das GroßO hat sich übergeben,
die Kleinos waren noch am Leben
und strebten schnell an jeden Ort,
wo einst das GroßO nahm es fort.

Und wäre dieses nicht geschehn,
könnt´ gottlob nicht am Ende stehn´!

Norbert Autenrieth

Der Windhund

Ein Windhund, müde und sehr matt,
sprach zu sich, ach wie hab ich´s satt,
dem Wind vergeblich nachzujagen
und ganz umsonst mich abzuplagen.

Oh wär ich doch ein Wasserhund,
dann könnt´ ich schwimmen, plantschen und
im frischen Wasser tummelnd schweben,
um mich der Schwerkraft zu entheben.

Ist nicht erlogen, nicht erstunken,
tags drauf der Windhund war ertrunken.

Norbert Autenrieth

Der Regenwurm

Ein Regenwurm gerad gekrochen auf des Rasens Grün,
die Amsel nahe wähnend, gerät nun in gehörig Panik
und hektisch strebt er nur danach,
zurückzukriechen in des Bodens Tiefe.
Schon sucht er mit seinem vorder´n Ende,
oder sei´s das hint´re – wer mag´s unterscheiden,
in die Erde sich zurückzubohren.
Doch – wir sehn´ es mit Erstaunen,
bohrt er mit beiden Enden jetzt zur gleichen Zeit
an zwei verschied´nen Löchern,
die Rettung ihm verheißen sollen.
Und unvermeidlich gerät sein Körper nun in Dehnung,
wird dünner, dünner in des Körpers Mitte,
je tiefer seine Enden in die Tiefe streben.
Da aber reißt der Regenwurm an jener Stelle,
die lang geschunden von ihm selbst,
jählings entzwei und beide Teile schnalzend
sich verkriechen in jene Öffnung, die sie selbst geschaffen.
Und jedes Teil ist sich dann selbst genug.

Norbert Autenrieth

Hamster Horst

Herr Hamster Horst
lebt tief im Rübenfelde.
Er ist ein rechter Widerborst,
sein Fell ist bräunlich-gelbe.

Vor seinem Bau – ein dichter Zaun
die Fenster stark vergittert,
und keine Maus würd´ hin sich traun,
ein jeder vor ihm zittert.

Bisweilen rückt Horst Hamster aus
mit Stahlhelm und Gewehr,
vertreibt was nah kommt seinem Haus,
das fällt ihm gar nicht schwer.

Des Abends aber liest er dann
- man traut es ihm nicht zu -
Böll, Grass und sogar Thomas Mann,
begibt sich dann zur Ruh´.

Er träumt vom Billard bis halbzehn,
was ihm sehr gut gefällt.
Um zwölf den Felix Krull kann sehn´,
sein Fell ist bräunlich-gelb.

Norbert Autenrieth

Hand und Kutz

Hand und Kutz,
die hatten sich verwuchselt,
der Hand miote und die Kutz,
die bollte laut aus lauter Trutz.

Der Hand fraß Miese bis er spoh,
die Kutz am Knachen nugte,
des Labens waren sie nicht froh,
Verzwieflung heim sie suchte.

Oh Dichter, störe nicht,
die Stelbstlaut´ in den Worten!
Bedenke doch der Tierschutzpflicht,
bei Hund, Katz und Konsorten!

Norbert Autenrieth

Schlaflied

Grenzenlos das Firmament
Nebelvögel krähen,
Geisterhexen ohne Zahl
graue Tränen sähen.
Schlafe, schlafe, liebes Kind,
dass dich ja die Windsbraut find´!

Mittag ist es längst gewesen,
Sonnenstrahl zerronnen,
Ratten fiepen hemmungslos,
Lefzenblut geronnen.
Schlafe, schlafe, liebes Kind,
dass dich ja die Windsbraut find´!

Spinnentiere ohne Zahl
zittern sacht im Takt,
Kellerassel, Tausendfuß
warten auf die Nacht.
Schlafe, schlafe, liebes Kind,
dass dich ja die Windsbraut find´!

Morgen, wenn du nicht erwacht,
ist für immer dunkle Nacht.

Jadwiga Nehls

Aufsteigen mit dem Wind

Ich sagte, ich liebe!
Doch habe ich wirklich geliebt?
Dieselbe Frage stellte ich mir immer wieder.

Ich sagte, ich mag es!
Doch habe ich wirklich gemocht?
Ich weiss es nicht, ich weiss es nicht.
Lugte ich bloß?

Ich begehrte mich zu erheben.
Aufschwingen, so hoch!
Und gleiten dort oben,
In den silbernen Wolken.

Aufsteigen mit dem Wind,
Über die Landstriche.
Schweben, schweben,
In den Himmelraum.

Jadwiga Nehls

Die Einladung

Ich dachte mir,
Das bringt doch keinen Schaden,
Wenn ich dich anrufe,
Und zu mir einlade.

Deine nette Stimme,
An meinem Telefon,
Klingt warm und sensibel,
Und hat einen guten Ton.

Ich dachte mir,
Wir können etwas gemeinsam unternehmen,
Du sagst mir die Zeit,
Und ich werde den Rest schon bestimmen.

Jadwiga Nehls

Für kleine Lily

Toffifee, Toffifee so bist Du kleine Lily.
Schokokuss und zückersüß,
So bist Du!
So ein wunderschönes Wesen,
Wie Dich gibt es nicht.
Ich habe mich gefragt,
Hat der Gott seinen Engeln auf die Erde geschickt?
Der die Menschen glücklich machen soll?
Was soll ich über Dich sagen?
Und wie soll ich Dich beschreiben?
Ich schaue Dich an!
Und denke,
Dass Gott seine Schöpfung an Dir beweisen wollte.
So was schönes und zauberhaftes wie Dich,
Gibt es ein zweites Mal nicht!

Jadwiga Nehls

Mein Sonnenschein

Wann kann ich Dich sehen?
Dass meine Augen wieder leuchtend erstrahlen.
Wann kann ich Dich streicheln, fühlen,
Küssen und berühren voller Glück?

Wann erfüllst Du meine Wünsche?
Dass ich wieder glücklich bin.
Wann werden wir uns wiedersehen?
Wann werde ich mit Dir spazieren gehen?

Wann werde ich wieder in Deiner Nähe sein?
Mit Dir Zeit verbringen?
Und mit Dir zusammen lachen?
Und gemeinsam mit Dir schöne Sachen machen?

Jadwiga Nehls

Sommerträume

Ich würde gerne nach Mallorca fliegen.
Und auf die Seychellen oder Malediven,
Ein Urlaub machen in einem Fünf-Sterne-Hotel.
Das wäre schön!
Das wäre schön!
Natürlich mit meiner Annabel.

Bei schöner Sonne am Strand liegen.
Im Wasser planschen mit meinem Schatz,
Ist für uns ein Vergnügen.
Das macht doch Spaß!
Das macht doch Spaß!

Bei Hugo Boss, Coco Chanel shoppen gehen.
Am Strand den Sonnenuntergang bewundern,
Und danach das leckere Buffet plündern.
Das wäre schön!
Das wäre schön!
Natürlich mit meiner Annabel.

HanneLore Strack

Klassentreffen

Jahre später
hinter Kaffee und Kuchen
vordergründig Worte gewechselt
hinter redlich erworbenen Falten
frühere Mimik entdeckt
das Alter am Haar zu erkennen
verhindert die Farbe

Gezwitscher Gekicher
Sprudeln
Tristesse
bei den Weißt-du-noch-Sätzen
die unüberbrückbare Zeit gespürt

von 13 noch 11 geblieben
jede Einzelne ein Schloss
voller Ungereimtheiten
zu groß zu verschlossen
zum Erkunden
an diesem Nachmittag
der in den Abend übergeht

HanneLore Strack

Nachtgeister

zu nächtlicher Stunde
lauernd in dunklem Gebüsch
zum Sprung bereit
auf mühsam erbautes Tagesgerüst

schwarze Nacht
zerrissen
von klirrend weißem Geflatter

beim ersten Hahnenschrei
Kontraste verwischt
im milden Tagesgrau
angebrochene Streben
noch tauglich zum Besteigen

es gilt festhalten
bis sie wiederkommen
die
Nachtgeister

HanneLore Strack

Vater

möchte dich so gerne
fragen
nach deinem Leben
der Zeit im Krieg
und der danach

zu spät
die Antworten mit dir
gegangen

warum nur
habe ich sie nicht früher gestellt

warum nur
nicht hingehört,
als du versucht hast
sie ungestellt zu beantworten

HanneLore Strack

Lächeln üben

in dunklen Zeiten
wenn Schatten
über das Gesicht ziehen
die Haut spannt
und der Mund schmäler wird

Lächeln üben
in schweren Zeiten
wenn das Lachen im Hals steckenbleibt
und die Gefahr des Totlachens heraufzieht

Übung macht den Meister

Reinhard Lehmitz

Gedanken

Im streichelnden Wind
empfinde ich deine Nähe

Zarte Schäfchen am Himmel
erscheinen wie Berührungen

Das Gold des Ginsters
erinnert mich an dein Herz

Weiße Blüten
lassen mich träumen

Reinhard Lehmitz

Alles und nichts

Die Auserwählten dieser Welt
brauchen in ihrem Konsumrausch
Angebote in übergroßer Vielfalt

Das nennt sich freie Marktwirtschaft
Über Reibungsverluste kein Wort
Arbeitslosigkeit ist Programm

So denken sie die Gedankenlosen
Wandel liegt nicht in der Genetik
Offenen Auges in den Untergang

Wenn alle Menschen dieser Erde
sich diesem Sog ergeben
dann ist einfach das Ende da

Da ist Erkenntnis nicht kompliziert
Es ist alles so furchtbar einfach
Der Mensch wird einfach gehen

Alles und nichts
Alles spricht dafür
Nichts spricht dagegen

Reinhard Lehmitz

Der Lüge Saat

Die da oben haben sich abgehoben
mit Macht und Proviant für alle Zeiten
Es gilt endlich den Blickwinkel zu weiten
Wer ist schon gern für lange Zeit betrogen

Man weiß dass Höhenluft wird immer dünner
und auch dass dünne Luft erschwert das Denken
Wie soll man da erwarten kluges Denken
Für die in dicker Luft kommt´s immer schlimmer

Wenn kommt die Zeit dass die da unten wählen
ist oben dicke Luft beim Stimmen zählen
und Eigenlob schallt laut durch alle Flure

Was soll nur später werden in diesem Staat
wenn nicht mehr aufgeht der dreisten Lüge Saat
und jeder spürt das Scheinglück einer Hure

Reinhard Lehmitz

Der Sumpf verschlingt uns alle

Untergangsszenarien kursieren
Ein Geldwechsel wird vorbereitet
Die eingemotteten Druckmaschinen
für untergegangene Währungen
werden schon kräftig geölt

Die Reichen haben das Klima
der Verschuldung angeheizt
Jetzt sind die Armen schuld
an ihrer Krankheit
die sie kollabieren lässt

Die Wurzeln des Übels
werden gehegt und gepflegt
Das Kapital fühlt sich sicher
denn es ist gut aufgehoben
im Schoß der Lobbyisten

Waffenexporte explodieren
In der Krise wächst zusammen
was zwanghaft zusammen gehört
Das Kapital und der Krieg
waren schon immer gute Freunde

Profite machen taub und blind
Sie erzeugen eine tödliche Sucht
Der Sumpf wird alle verschlingen
Für die ahnungslos Ertrinkenden
gibt es dann kein Erwachen mehr

Falsche Hoffnung verhindert noch
eine massenhafte Depression
Letzte verzweifelte Warnrufe
der immer noch Mahnenden
verschluckt der Börsenlärm

Reinhard Lehmitz

Wann endlich?

Nicht alle sind gemeint
aber die Unverbesserlichen

Wann endlich
reichen sie sich
ehrlich die Hand
die Religionen
dieser Welt

Wann überwinden sie
ihre Dogmen
und rüsten ab
leben den Frieden
des Göttlichen

Wann ächten sie
ihren Egoismus
ihre Intoleranz
und die reale Gewalt
die ständig explodiert

Wann überschreitet
die Intoleranz
die Brücke zur Toleranz
wann siegt die Liebe
über den Hass

Die Fragen sind alt
müssen aber immer wieder
gestellt werden
besonders dann
wenn Gebete vernebeln

Reinhard Lehmitz

Wo bleibt der Widerstand?

Sie manipulieren uns
mit dem Moloch Geld
den hörigen Medien
ständigen Zwecklügen
fragwürdigen Idealen
Duldung von Dekadenz
Die schleichende Wirkung
dieser unseglichen Pestizide
wird immer manifester

Alles verkommt zum Nichts
Die Gegenwehr erlahmt
Zukunft ist ein Fremdwort
Nur sinnloser Aktionismus
Das Ich als letzter Sinn
Begraben scheint das Wir
Erbeute jetzt was möglich
Das Schlachtfeld ist global
Noch spielt die Kapelle

Jetzt manipulieren sie schon
die Gene unserer Saat
somit unser tägliches Brot
Auch unsere Gene
sind nicht mehr sicher
Sie spielen Schöpfung
Das Leben ist unsicher
Der Untergang ist patentiert
Kapitalismus tötet die Welt

Wo bleibt der Widerstand?

Reinhard Lehmitz

Was Du für mich bist

Du bist
meine Liebe
bist Freundin
und Vertraute

Nein, so stimmt das nicht
Du bist nicht mein
Du bist dein
Besitz ist der Liebe fremd

Wenn es aber so ist
dass du „Wir" bist
und „Unser"
dann sage ich es

Dann bist du
meine Liebe
bist Freundin
und Vertraute

Michaela Bindernagel

Nelson Mandela: Die Frauen an seiner Seite

Da war Winnie
Die Liebe des Anwaltes
Die starke Frau an seiner Seite
Mutter seiner Töchter
Gefährtin im Kampf
In dunkelster Zeit
Mittlerin zwischen drinnen und draußen
Die „Mutter der Nation"
Er wollte Vergebung und Versöhnung
Sie kämpfte weiter
und verirrte sich

Da war Zelda
Die weiße Burin
Sie wachte
Über den Präsidenten
Seine Gesundheit
Seine Zeit
Im Süden Afrikas
In Rom beim Papst
Bei Freund
Und Feind
loyal

Im Nachbarland Graca
Die Stolze und Selbstbewusste
Ministerin
Für den Präsidentengatten
Ein Paar Rollschuhe
Aus dem östlichen Berlin
Er starb
Im Süden der Präsident
Fand in ihr die neue Gefährtin
Bis zum Tod
In Liebe, Vergebung und Versöhnung

Michaela Bindernagel

Der Pastor

Er war Pastor
Einer kleinen Gemeinde
Und predigte
Vergebung, Frieden und Freiheit

Dann wälzte
Er Akten
Und vergaß
Die Vergebung

Schließlich als Präsident
Redet er wieder
Und vergisst
Den Frieden

Doch Freiheit
Ist keine Ware
Die mit Waffen
zu exportieren wäre

Zur Freiheit
Muss der Mensch
Selbst finden
Ein Volk „sich befreien"

Der Pastor wusste
Was der Präsident vergisst
Freiheit, Frieden und Vergebung
Brauchen einander

Michaela Bindernagel

Die innere Händlerin

Bei mir wird alles abgewogen.

Nicht nur die Sachen,
auch das, was wir machen:

Bäume fällen
oder
Felder bestellen

Häuser bauen
oder
in die Zukunft schauen

Lehren und Lernen
oder
der Blick zu den Sternen

Ängste besiegen
oder
Länder überfliegen

Das Universum erforschen
oder
dem Atem horchen

unterdrücken und raffen
oder
liebevoll schaffen.

Ich bewerte und entscheide.
Dazu brauch ich keine Kreide.

Meine Hilfe ist die Waage,
die ich immer in mir trage.

Wissen und Erfahrung
sind meine Nahrung.

Durch sie kann ich wägen
und mir Sicherheit geben,

den Ausgleich besorgen
für ein herrliches Morgen.

Das ist mein Streben
für ein vollkommenes Leben.

Bist du bereit für mich?

Evelyn Lenz

Flug über den Wolken

weiße weite Wolkenlandschaft
eine wattenflauschige Wiese vorn
dahinter windet sich ein Fluss
Sträucher und Bäume am Ufer
alles wie aus grauweißer Watte geformt.

Gabriele Friedrich-Senger

Lebenslüge

Nachtgefühle
spüren wollen
Herzenskühle
Unheilgrollen
viele Tränen
offne Fragen
zehrend' Sehnen
stummes Sagen
lautes Schweigen
nur nicht schwächeln
Stärke zeigen
immer lächeln
tanzen - tanzen
sich maskieren
und verschanzen
sich verlieren
in ein zeitlich
Traumgefüge
unvermeidlich
Lebenslüge…

Gabriele Friedrich-Senger

Abseits...

Kauen auf Nägeln
Händegezitter
Geschmack auf der Seele
wie Galle so bitter.
Kauern im Dunkel
Gedanken quälen
Geistergemunkel
Minuten zählen.
Ringen nach Atem
in Abgründe sehn
Bilder, die drohend
aus Schwärze entstehn.
Lasten, gewachsen
aus Seelenmüll
Worte gesponnen
zu Lügentüll.
Stunde um Stunde
zerbröckelt der Tag
Runde um Runde
manch schmerzhafter Schlag.
Vergessen das Ziel
verloren den Halt
Enttäuschung zu viel
dem Herzen so kalt...

andrea pierus

mut

fehlte ihm der mut für die liebe?
wieso sonst sprach er nie davon?
er dachte, sie würde es wissen
auch wenn er sich nicht erklärte
es würde sich klären
allein durch das vergehen der jahre

andrea pierus

amors kleid

seine hand spielte
auf den vertrauten außenräumen
ihrer haut
platzanweiserin der lust
in amors kleid

andrea pierus

geliebt!

hörst du, du wirst geliebt!
seine rührende leidenschaft
als sich die götter erbarmen
wird es sich auszahlen?
mit buchhalterischem kalkül
ist da kein weiterkommen!

andrea pierus

sie wollte ihn nur so!

er ist der, den sie aus ihm gemacht hat
so ist es kinderleicht ihn zu lieben
wozu sich darüber unsinnig den kopf zerbrechen?
wozu sich stören an dieser täuschung?
sie wollte ihn nur so!

andrea pierus

freundin

ich borg´dir eine freundin
nur für diesen abend
dann gibst du sie zurück!
sie ist meine beste freundin
die gibt man nicht so einfach aus der hand

andrea pierus

schwimmflügel?

sturmwarnung!
herz auswringen
schwimmflügel anziehen
leidenschaft ist nichts für beckenrandschwimmer!

andrea pierus

seifenblasen

zerrissenes herz
zersetzt sich im magen
verstoffwechselt, entleert
zurück bleibt ein hohlraum
seifenblasengefüllt

andrea pierus

die aktenlage

sie feilt an ihrem selbstverständnis
studiert die aktenlage
sie weiß schon alles
nur der glückliche ausgang
lässt noch auf sich warten

andrea pierus

nicht mit ihr!

sie wollte nicht in seiner haut stecken!
sie wollte nicht die hosen anhaben!
das ist nicht ihre kragenweite!

so hat sie ihm alles in die schuhe geschoben ...

andrea pierus

selbstbetrug

sie glaubt, sie könnte alles beenden
sofort, ohne zu leiden!
der selbstbetrug beruhigt sie,
lässt sie weitermachen wie bisher

andrea pierus

nebenwirkung

indikation:	anfallsartige schwärmerei sozialängstlicher tagträumerin
dosierung:	3x täglich 15 tropfen mit etwas flüssigkeit vor den mahlzeiten einnehmen
wirkung:	entflammbarkeit gefallsucht koketterie tollheit frivolität
nebenwirkung:	liebe

Rudolf Leder

Baldiges Bienensterben

Bauern bekämpfen Bakterien,
behandeln Blütenpflanzen,
blasen blaue Blütengifte,
bringen befallenen Bienen
besonderes Benehmen bei,
bieten Bienen bekanntlich
brutale Begräbnisbeihilfe.
Besorgniserregend besprühte
Birnbaumblüten
bringen braunen Bienen
barbarisches Blutbad.
Bemitleidenswerte Bienenvölker
bleiben bald bewusstlos,
betrunken, betroffen, besprüht,
benommen, beerdigt.
Bergwiesen beeinträchtigen
bald bewährten Bienenstand.
Bevölkerung blickt beiseite,
bezweifelt Bienenvergiftung,
bezieht begierig billigen Bienenhonig,
Beeren, Baumfrüchte,
bewirkt beschleunigtes Bienensterben.
Bye-bye Bienen,
befruchtungslose Blüten.

Rudolf Leder

Die Weser

Schokoladenbraun
wie geschmolzener Zucker,
an Wiesen, Äckern,
putzigen Häusern vorbei,
quält sich durch's Flussbett
die Riesenschlange Weser,
mit Treibholzkrokodilen
auf ihrem Rücken,
durchkreuzt von Fähren,
mit Zornesfalten im Antlitz
durch röhrende Motorboote,
vernimmt sie
sehnsüchtig Flötenklänge
in der Ferne

Rudolf Leder

Rauchschlange

Feuriger Mutter entbunden,
mit heisser Flamme
einst vereint,
schlängelt sich
die Rauchschlange
spiralförmig
aus Kamins Höhle,
flieht himmelwärts
mit Lerchenschwingen,
vereint sich silbergrau
mit Frischluft,
löst sich irisierend
in Luft auf

Rudolf Leder

Rossschnecken Exodus

Rostrote gefrässige Wegelagerer
mit gestreckten, schwarzen Stielaugen
schleichen in lautlosen Kolonnen
von einem Wegrand zum anderen

Kein Aquaplaning - seriös gleiten
Gewinner Fühler voran zum Ziel
die Schnellsten retten sich
vor Gefahren ins Kräuterparadies

Oranger Anzug hilft andern wenig:
der Duftspur folgend - querend -
überfahren - und aus der Traum
was bleibt ist eine Schleimspur

Tod durch Sonne und Hitze
die Letzten bestraft das Leben
sie bleiben auf der Strecke
und - falls es ihn gibt - im
rostroten Schneckenhimmel

Rudolf Leder

Hinter Gittern

Hinter Gittern die blökenden
Wollknäuel auf und neben
dem Radweg liegen, stehen,
die Köpfe zusammenstrecken
und sprachlos tuscheln,
dich blökend auslachen,
dich nicht beachten oder
dich scheinheilig oder argwöhnisch
beäugen oder fast hämisch grinsen,
weil du ob ihrem vielen Scheiß
beinahe auf der Strecke bleibst,
dabei der Schaf-Shit-Straßen-Abschnitt
als Revanche des Eingesperrtseins
erklärbar ist, der deine Rutschfestigkeit
prüft und belegt, dass
auch lammfromme Schafe
sich auf ihre Weise wehren!

Rudolf Leder

Kornfeld

Von Wind, Regen, Hagel zerzaust
liegt das Korn wie ungepflegtes Haar
auf der Ackerhaut, angefault, spriessend
statt als Mehl als Tierfutter verwertbar,
nur die Halme wie schlecht rasiert
hinterlassen ein bärtiges Stoppelfeld
und werden in goldene Rollen verpackt
und von Traktoren mit offenem Biss verladen.
Mäuse und Krähen kümmert's kaum,
als Selbstversorger sie ihr Auskommen finden.
Leidtragend, geknickt bleibt der Bauer zurück,
er träumt von der nächstjährigen Ernte.

Rudolf Leder

Krähen

Wie Möwen ein einsames Schiff
begleiten sie dich, die rabenschwarzen
Krähen, sie die Unheimlichen,
jagen dich vor sich her,
sind dir nach jeder Kurve
eine Schnabellänge voraus,
krächzen dich lachend aus,
reinigen dir den Radweg von
Schnecken und Würmern,
krümmen vor dir ihre
schwarzen Köpfe und Schnäbel,
wenn du ihnen nahe kommst
bücken sie sich, gehen in die Knie,
breiten ihre Schwanzfächer aus,
schrauben sich zu dritt oder viert
mit wenigen Flügelschlägen
mit einem Kraah in die Höhe
als riefen sie: Bei Philippi
sehen wir uns wieder!

Rudolf Leder

Bunkeridylle

Zu Befehl - führte verfluchten Auftrag aus -
in Kriegsmontur verliess ich das Haus,
stapfte nun wutentbrannt und ganz allein
durch Sperma duftend weiss Kastanienhain

Von der Liebfrauenkirche zum Einsatzort,
über Stämmen gesäumten Holzweg fort,
musste Abhang mit Baumfriedhof suchen
mit hunderten von toten, faulen Buchen

Dort sich mein Verbannungsziel befand,
fünfeckig' Grabkammer mit viel Sand
lichtlos mit armierter Türe verschlissen,
vier Zyklopenaugenlöcher aufgerissen

Wachsoldat - Wachhund im Jargon genannt -
sollt' ich in befohl'ner Isolation verbannt
mit Fernglas Feindbewegung erfassen
und über Funk aufwärts melden lassen

Platzangst, Feuchtigkeit, Dunkelheit
war denen da oben so lang wie breit,
Hauptsache ich erfüllte meine Pflicht,
es kümmerte sie Maus und Ratte nicht

Affenkälte liess meine Finger verklammen,
den Husten bellen, Welt verdammen,
Kanonendonner, Schiss und Pisse
ergaben martialische Kriegskulisse

Ein Reh zu Tode mich fast erschreckte,
ich glaubte, dass ich Feind entdeckte,
ich hätt' beinahe einen Bock geschossen,
statt Feindesblut wär' Rehblut geflossen

Bei Vollmond und nach Gewitternacht,
der Mondregenbogen in voller Pracht,
liess mich heissen Liebesbrief verfassen
und meine feuchten Augen reiben lassen

Rudolf Leder

Nepalhimalayaswunderwelt

Himalayaregiertvonobenherab
Unverhülltschätzeüberbergundtal
Kulturelleschönheitenprachtdernatur
Farbenfrohebewohnerinnen
Floraundfaunavielfalt
Reisfeldergoldüberhügelundtäler
Wildetiereimdschungelnationalpark
Paradiesfürbergsteigermitsherpas
Verkehrschaosmitstauundstaub
Tempelundpalästewieebenholz
Jahrhundertealtegeschnitzefiguren
Betendemitopfergabentellern
Buddhaundshivafriedlichvereint
Ökumenischgelebterglaube
Verbrennenvontotenamfluss
Dichtesstrassenrandleben
Kinderhundeheiligekühemotorräder
Händlermitfrüchtenundgemüse
Traurigeteeniebräuteamhochzeitstag
Festlichbräutigamübergebenwerden
Herzhöherschlagendeskaleidoskop
Lässtrüttelpistenvergessen

Rudolf Leder

Ä-rgeres

Ärzte ästimieren Ältere
Änderungswünsche ärgern
ängstliche Ärzte
Änderungen ärgern Ämter
Lämmchen nähren Bären
Wären Millionäre ärmer
hätten Ärmere mähr
Lässige Mädchen lärmen länger
Jäger zähmen Schäferhunde
Zahnärzte zählen unzählige Zähne
Märchenerzähler wärmen Ärmere
Wähler verärgern männiglich

Rudolf Leder

Ö-ffentliches

Hörer hören Unerhörtes
Hörgeräte hören möglicherweise
bösartige Töne
Österlichen Chören höflich zuhören
Börsen-Erlöse anöden
Ötzi öffnete öfters Ösen
Ölgötze öffentlich verhöhnen
Köstliche Ölsardinen töten
Amourösen Gören abschwören
Blöde Böcke stören unerhört
Verstörte Störe ungestört aufstören
Argwöhnische Angehörige erlösen
Törichte Blödkröte nörgelt

Rudolf Leder

Ü-brigens

Übertreibe Überraschungen überzeugend
Überfülle überfordert Überflussgesellschaft
Übertriebene Überempfindlichkeit überlebt
Übereinkunft überfährt Überempfindliche
Übeltäter überbieten Überraschungen
Überdurchschnittlichen Überdruss überdenken
Übereifrige überstürzen Übereinkommen
Übermütige übernachten übermüdet
Notlügen überwinden übertriebene Überwachung
Bückende Rücken entzücken Beglückte
Glück verzückt Unglückliche
Wünsche rücksichtsvoller Beschützer
Hüstelnden Jünglingen Frühstück verfüttern
Hörstürze überraschen rücksichtslos

Rudolf Leder

Glaube, Hoffnung, Liebe (Akrostikon)

GLAUBE
G ross ist seine Macht
L iebe verstärkt ihn
A llmächtiger erhält ihn
U mfassend trägt er uns
B esitz braucht er nicht
E wig bringt er Licht in die Welt
HOFFNUNG
H immelwärts wird sie gerichtet
O ffenbart Verborgenes von
F rauen und Männern, die
F rühlingserwachen ersehnen
N achdem sie in letzter Zeit
U nglück erfahren haben, das sie als
N iederlage interpretieren und dann
G erne besseren Zeiten entgegensehen
LIEBE
L iebe flüstert zärtlich
I ntimes teilt sie mit
E rlebnisse stärkt sie
B ehutsames pflegt sie
E wiges wünscht sie sich

Rudolf Leder

Phantomschmerz

Tränenfeucht
meine Augen
Vaters Briefverkehr
reanimieren
und Vorwürfen -
verbunden mit
einstigen Emotionen -
zu quälender
Renaissance
verhelfen
Unerledigtes
und gegenseitiges
Unverständnis lässt
Halbjahrhundert
Phantomschmerz
wiederbeleben

Rudolf Leder

Radfahrers Los

Wer tritt so schnell im kleinen Gang?
Es ist ein Radfahrer just am Hang.
Nun ist er oben, welch ein Glück,
fährt jetzt im Mittelgang ein Stück.
Hügelabwärts folgt der grosse Gang,
jetzt wird's ihm fast angst und bang.
Das Leben verläuft gleichermassen:
Schnell treten, schalten, fahren lassen.
Es ist wie auf des Sattels Ritt,
Pass auf, mach' nur kein' Miss-tritt!

Rudolf Leder

Memento mori - Gedenke des Todes

Frühlingsblau gestern,
heute weiße Leichentuchfetzen
dem Bleihimmel entschweben.
Mausgraue Häuserblöcke mit
schwarzen weissgekreuzten
Rechteckaugen überziehen
sich weisse Schneehauben.
Das kaum erwachsene Gras
mit schneeigem Totenhemd
wirkt frisch angezogen.

Schwarzgeflügeltes Un-Wesen
lässt sich auf Balkon nieder,
quetscht sich höllisch schnell
in ungezähltes schwarzes
Löcherauge ins Hausinnere
und vertrübt Aus- und Einblicke.
Schlafes Bruder Vetter
oder Unterwelt-Verwandter
hält Einzug - wer weiss wo?

Himmel schreilose Vision!
Hoffentlich, vielleicht doch,
wäre schön, wenn es doch
optische Täuschung wäre.
Nachmittags folgt trauriger
Epilog über im Schneebett
verstorbenen Freund.
Das Andenken macht
lauernden Tod spürbar.

Rudolf Leder

Fussball

Fussball, die schönste
Nebensache der Welt,
auch wenn das Spiel
nicht männiglich gefällt

Von Kopf bis Fuss
auf Fussball eingestellt,
jeder unsrer Elf
ein potenzieller Held

Auch Geld regiert
die Fussballwelt,
die Spieler käuflich,
dem Scheich gefällt's

Das Runde ins
Eckige fallen muss,
nur Siege sind
für uns Genuss

Alles andere
oft nur Verdruss

Rudolf Leder

Fussball-Bieridylle

Drei Bierflaschen,
Humpen, Tasse Tee,
klobiger Tisch.
Er: Schweissstinkend,
stierer Blick
auf Grossbildschirm -
auf der Eckbank

Sie: Beisitzend, verhärmt,
Tee schlürfend,
ungepflegt, schweigend,
Blick ins
Boulevardmagazin -
auf der Eckbank

Anpfiff, Bier in Humpen,
Lieblinge gegen
starken Gegner.
Er: Glücks-Daumen
in geballte Hand -
auf der Eckbank

Er: Spielanweisung,
Flüche nach Fehlschuss,
Schlücke grösser - Tor!
Lieblinge versagen -
auf der Eckbank

Sie: Trink-Ermahnungen.
Er: Daumendruckschmerz,
Penalty -Tor!
Schimpfnamen für Spieler,
Trainerwechsel gefordert -
auf der Eckbank

Sie: Zusammengeklappt,
eingeschüchtert, schweigt,
hält sich Ohren zu,
nicht mehr existent -
auf der Eckbank

Sie: Im Magazin
Filmstar, Promi, Prinz,
Traum nach
Reichtum, Abwechslung,
wäre Biergestank
und Fluchen los -
auf der Eckbank

Er: Mit Zornadern
vor dem Platzen,
vom Spielverlauf
am Boden zerstört,
vom Foul des Idols -
auf der Strafbank

Er: Faustschläge auf Tisch,
Geschirr scheppert,
Sie: Erschrickt,
zuckt zusammen, erwacht
aus süssem Tagtraum -
auf der Eckbank

Dritte Flasche büsst
für Niederlage.
Er: Verzieht sich
grusslos
ins Schlafzimmer.
Sie: Nach sklavischem
Aufräumen, folgt
Kopf unter wie -
auf die Schlachtbank

Rudolf Leder

vonfernemitreizenüberflutet

aufwaldeshügelsaussichtspunkt
stichterstählernindenhimmel
istvonweitherumerkennbar
verbreitetnonstopunsichtbare
wellenundsignaleindenblauenäther
versendetoftangstundschrecken
bösesundgutestraurigesundlustiges
insprachemusiktextundbildverpackt
mitlichtgeschwindigkeitindieboxen
seinerjüngerenoderälterenempfänger
alsüberbringervonbotschaften
erunschuldigseinearbeitverrichtet
flächendeckendseinwellenbadausbreitet
alsausführendestechnischesgebilde
sichfeigehinterauftraggebernversteckt
desempfängerswichtigstesmittel
gegendiedauerndereizüberflutung
istdasdosierenvonsendungenund
nichtzuletztdiemöglichkeitdasgeliebte
gerätamknopfganzauszuschalten

Rudolf Leder

Händimanie

Fest in beiden Händen
Freud- und Leidbegleiter
SMS und E-Mail senden
Empfang weit und breiter

Wohlbefinden im wwweb
internettlen, schreiben
bin Technikfan, bin kein Depp
lustvoll meine Zeit vertreiben

Tüpfchen auf dem Händi-i
quatschen ohne Unterlass
simsen mit dem Nacktselfie
finden nur die Alten krass

Zeittotschläger kostet Geld
keine Gratisnabelschnur
Brave New Beziehungswelt
ein Hoch der Händi-Un-Kultur!

Rudolf Leder

Blockade

Kopf verschlossen,
Herz macht dicht,
Suche vergeblich
nach Gedicht

Gedanken gesperrt,
Lyrik hinter Damm,
Fliessen verwehrt
wie Haare im Kamm

Gefühle blockiert
nichts kommt raus
bin bald blamiert
tagein-tagaus

tagaus-tagein
tagein-tagaus ...

Fabian Schöler

Verständnis

Du denkst,
du verstehst.
Aber du denkst falsch.
Du hast nichts verstanden,
nur Wissen gehortet,
aber nichts verstanden.
Weniger Wissen
könnte zu
mehr Verständnis
führen,
wenn du mich fragst.

Fabian Schöler

Schauspieler und Dichter

Was beide, fragst du, unterscheid't?
Es ist wohl auch das Eine:
Der Dichter braucht Persönlichkeit,
Der Schauspieler braucht keine.

Markus Malik

Datenübertragung

Videokonferenz an, schön, alle da.
Ich verlese die *Letzte Mail* des Verblichenen
Smartphones an, Augen auf, das alles ist für Sie:
„Schön, keiner gekommen, wohin auch – etwa zu mir?
Alle *Ans, CCs und BCCs* an ihrem Platz!
Sohnemann: Meine Eigene Musik –
die geht an dich,
Mach was draus, komm vielleicht auf den Geschmack!
Meine eigenen Dokumente an dich –
gute Frau,
Nichts für die Ewigkeit, steht trotzdem alles drin.
Mein „Englisches Büro" für alle Jahreszeiten
mit allen Räumen und Zimmern
an den Hausmeister:
Halten Sie die Fenster auch in Zukunft rein, danke.
Zu guter Letzt die harte Schoßauflage oben drauf:
An dich, Hasso, meinen treuesten Freund!

Regina Jarisch

Teilt zusammen

Im Netz
Im Netz der Spinnen
googelt
es
fliegen
fliehen
flieh
sieh
sie
es
googelt
im Spinnennetz

Tanja Habelt

Maus

Da zog sie sich aus.
Die kleine Maus.
Fühlte sich pappig.
Machte sich nackig.
Wippte und strippte.
Grölte und stöhnte.
Verließ ihre Haut.
Ganz ohne Laut.
Mucksmäuschenstill.
Come on Kitty, kill!
Mäuschen will!
Kitty war faul.
Fauchte: Halts Maul!
Drehte sich rum.
Fiel tot um.
Maus zog sich an.
Alles begann.
Wieder von vorn.
Maus sucht das Korn.
Da zog sie aus.
Einfach raus.
Aus die Maus.

Tanja Habelt

Keim

Des Tags.
Worte, runtergebrochene Nachgeburten flatternder Gedanken.
Worte, nicht gesendet, nicht empfangen.
Richten keinen Schaden an.
Richten gar nicht.
Klagen nicht.
Ruhen.
Worte, lautlos, rastlos, ihren Erschaffer plagend.
Tod durch Ersticken.
Tod durch Existenz.
Des Nachts.
Worte, hinunter geschluckt, verdauen schwer.
Gejagt in die tiefsten Abgründe der Träume.
Kreieren Monster.
Neue Wortgeschöpfe, stilistisch groteske Ausgeburten
nicht gesendeter Worte.
Kriechen den Schlund hinauf.
Bleiben stecken.
Verharren stumm.
Tod durch Ersticken.
Tod durch Nicht-Existenz.

Im Keim erstickt.

Monika Behrent

Herbsttag

Raschelnd fällt die Frucht vom Baum
auf die sommermüde Erde.
Schwere Zweige sinken -
mit sich ergebender Gebärde.
Herbstsonne spendet nur noch kurz
ihren lebenswarmen Glanz.
Smaragdlibellen flügeln ihren letzten Tanz.
Noch blühen Myrthen und Astern -
die späten Rosen sind am Verblüh´n -
lassen Erinnerungen im Herzen erglüh´n
an längst vergangene Sommerträume.

Monika Behrent

Feldspaziergang im Oktober

Gepflügt ist schon die braune Erde.
Am Ackerrand die letzten Blumen blüh´n.
Ein froher Gruß des Sommers,
Lupinen weiß, violett und grün.

Wildgänse machen sich schon auf die Reise.
Der Lerchen zwitschernder Gesang
ist längst verstummt.
Das Jahreskarussell dreht sich im Kreise
und Nebel hängt bald in den kahlen Zweigen.

Der Sommer geht mit einem gold´nen Lächeln.
Sonne versinkt in ihrem schönsten Purpurkleid.
Und wieder macht die Erde sich bereit,
von vorn beginnt des Jahres Lauf.

Juliane Sander

Grüngelbgold

Gelbgrüngold spiegelt sich
Die frische Sonne an Fensterfronten
Ihr Strahlen durchbricht
Eisgraubleiche Nebelbänke
Die nicht weichen konnten
Stürzt sich wie ungelenkte
Glieder
Auf die tiefschwarzglatte
Oberfläche und gibt wieder
Was das dunkelmatte
Auf und nieder
Schwebende Nachtgeleuchte
In der bitterkalten Morgenfeuchte
Mit seinem vollen
Schwarz in Morgenmild
Dem Betrachter hatte
Entziehen wollen:
Ein goldgrüngelbes Zauberbild.

Wolfgang Quer

Gartenidyll

Hinter meiner hohen Hecke
hab' ich eine kleine Ecke,
wo ich unter Apfelbäumen
in mich gehen kann und träumen.

Hinter meiner dichten Hecke,
wo ich mich gern mal verstecke
und dann nur zum Himmel schaue
und für mich ein Luftschloss baue.

Hinter meiner breiten Hecke,
wo ich auch mal was aushecke,
lass' ich tanzen die Gedanken,
bring dabei die Welt ins Wanken.

Hinter meiner grünen Hecke
ich mich gern genüsslich recke;
betrachte still mein Paradies
und jeden Winkel ich genieß.

Hinter meiner hohen Hecke
hab' ich eine kleine Ecke,
von wo ich blicke in den Garten,
kann dein Kommen kaum erwarten.

Wolfgang Quer

Welch ein Tag!

Der Himmel matt-blau,
die Luft noch schön lau,
wie es jeder mag,
ein Bilderbuchtag.

Weicher Wind im Gesicht,
dazu blassgelbes Licht.
Es ist ohne Frag'
ein Bilderbuchtag.

Buntes Laub ziert den Wald,
gibt ihm herbstlich Gestalt.
Es ist, wie ich's sag:
ein Bilderbuchtag.

Dieser Blick, diese Luft,
welch betörender Duft.
So beschwingt, ohne Plag',
ein Bilderbuchtag.

So möcht's immer sein,
die Welt in warmem Schein.
So am liebsten ich's hab:
ein wahrer Bilderbuchtag!

Wolfgang Quer

Spätsommer

An Abschied mag ich gar nicht denken,
doch ist der Herbst schon nah,
noch gilts sich schöne Zeiten schenken,
noch ist der Sommeratem wahr.

Doch hinter trocknem Blätterrascheln
macht sich die neue Zeit bereit,
die Blüten blass und hart die Stacheln,
nicht lang mehr, bald ist es soweit.

Viel öfter gehen jetzt Schauer nieder,
zu brausen das bestaubte Grün –
es wird frischer und auch freier wieder
und noch mal – neu – ein letztes Mühn.

Wolfgang Quer

Die Gedanken sind frei

Gedanken haben freien Lauf,
zu kreisen, tanzen, sich zu drehn,
allein zu sein und sein zuhauf
und, wo sie wolln, herumzuwehn.

Denken kann ich, was ich will,
gar niemand kann mir´s nehmen,
alles geht, denn es bleibt still
und keiner mag´s vernehmen.

Denk ich mir manchmal meinen Teil
und lass es – noch nicht – hören,
und schieße still nur meinen Pfeil,
wollt ich die Welt beschwören.

Gedanken haben freien Lauf,
Grenzen sind ganz einerlei,
sie schwinden und sie kommen auf,
bedeuten mir: Wir sind so frei.

Wolfgang Quer

Sommerwiese

Welch ein Surren, Brummen, Sirren,
Huschen, Zischen, Summen, Flirren,
Flattern, Haschen, Zackern, Beben:
Welch ein buntes Wiesenleben!

Fette Fliegen, Wespen, Hummeln
sind gekommen sich zu tummeln.
Libellen, Falter, freche Mücken
sind da, das traute Bild zu schmücken.

Überall, wo`s wiegt und wogt,
pralles Sommerleben tobt.
Alles, was hat Rang und Namen,
wurd` zum Schauspiel eingeladen.

Käfer krabbeln, Spinnen springen,
Falter flattern, Stängel schwingen
her und hin in leichter Brise:

Hannelore Furch

Laterne, Laterne ...

Wir Kinder im Bann
unter Sternen
in dunkelnder Stund,
wir zündeten an
die Laternen
und drehten die Rund.

Am Himmel das Zelt
sah hernieder
mit Glanz im Gesicht
und sandte der Welt
voller Lieder
das himmlische Licht.

Mein Gruß an die Stern
trägt noch heute
den ewigen Dank,
die Antwort von fern:
ein Geläute,
das Funkeln als Klang.

Hannelore Furch

Der Tanz mit den Sternen

Schneesterne nähern sich leise,
künden die Weihnachtszeit an,
kommen auf tänzelnde Weise
dicht an mein Fenster heran,

lächeln verspielt durch die Scheibe,
sitzen am Fensterglas fest,
tückisch erwärmt ist die Bleibe,
schnell sind sie tödlich durchnässt.

Dass sie die Falle umgehen,
wünsch ich und gehe hinaus,
sehe sie dankbar umwehen
mich und die Tanne vorm Haus,

will es den Fröhlichen zeigen,
tanze die Füße mir wund.
Was für ein herrlicher Reigen!
Was für 'ne herrliche Stund!

Später dann wieder von innen
seh ich ans Fensterglas wehn
Sterne, die weinend zerrinnen,
unten als Wasserlach' stehn.

Trauer ergreift mich im Zimmer,
weitere wehen ans Glas,
„heute, ihr Stern, tanz ich nimmer",
sprech ich zu ihnen, „das war's!"

Hannelore Furch

Advent

Advent erreicht den Zug der Zeit
und tritt mit sanftem Gruß
heraus aus stiller Ewigkeit
und reist auf leisem Fuß

hinein ins laute Glitzerland
und zeigt dem Narren hier
als Gegensatz sein Festgewand
in alter schlichter Zier.

Er duldet gern den Tannenbaum,
geschmückt als Sternenzelt,
und hängt hinein den schönen Traum
vom Frieden in der Welt.

Hannelore Furch

Der Tannenbaum

Am Marktplatz steht ein Tannenbaum
und reckt sich hoch empor
und wiegt sich sanft im Heldentraum
und lauscht dem Weihnachtschor.

Ein Stern aus Schnee tanzt froh heran,
gelockt von Lied und Licht,
doch mag die stolze Weihnachtstann
den schönen Schneestern nicht

und setzt als schnelle Waffe ein
ihr warmes Lichterkleid
und bleibt die Sternenquell allein
und liebt die Weihnachtszeit.

Hannelore Furch

Spaziergang in der Heiligen Nacht

Um die Hohe Nacht zu spüren
außerhalb von Stub und Haus,
meine Sinne zu entführen,
ging ich in die Stadt hinaus.

Hoch vom Himmel waren Sterne
eingereist in unser Land,
nach der Freiheit in der Ferne
klemmten sie nun fest am Band,

zogen sich als Lichtgirlanden
über Straßen durch die Nacht,
hatten das Gebot verstanden,
hielten ehrenvoll die Wacht.

Eine Katz kam, leis im Tritte,
Eleganz und gute Sitt!,
meine eignen schweren Schritte
hielten nur in Mühe mit,

heilig war mir hier der Wille.
Nacht in Zauber eingetaucht!
Träumend hab ich ihrer Stille
meinen Atem eingehaucht.

Hannelore Furch

Dorfweihnacht

Aus ferner Hauptstadt trifft der Sänger ein,
es grüßt im Saal der sanfte Kerzenschein,
ein helles Licht, das nur die Bühne hat,
setzt runden Schein genau aufs Notenblatt.

Mit Bibel-Worten hält ein zweiter Mann
den Lauf der Welt an diesem Abend an,
vom dritten klingt Klavierspiel fein ins Ohr,
und heilig tritt die Weihnachtswelt hervor.

Ein Tannenduft, Gesang, Besinnlichkeit!
Doch naht das Ende dieser schönen Zeit,
Applaus erschallt, man zieht den Vorhang zu,
der Heimweg folgt und dann des Dorfes Ruh.

Hannelore Furch

Weihnacht des Einsamen

Er war alt und allein,
hat in Heiliger Nacht
leere Straßen bewacht.
Doch im weißen Design
kam als Zeichen der Zeit
eine Flocke geschneit.

Diese fing er gewandt,
wollte schauen im Licht
in ihr zartes Gesicht.
Doch in wärmender Hand
floss der Stern als Gerinn
nun verstorben dahin.

Werner Siepler

Zur rechten Zeit

Ein gutes Wort zur rechten Zeit,
oft Streitigkeiten mindert,
etwas mehr Menschlichkeit verleiht
und Unfrieden verhindert.

Wer aber nun beharrlich schweigt,
schürt jetzt Unfrieden und Zwist,
durch seine Sprachlosigkeit zeigt,
dass Schweigen kein Gold wert ist.

Werner Siepler

Lautstärke reicht nicht

Ein Mensch mit seinem vorlauten Mund,
schiebt sich häufig in den Vordergrund.
Stets lautstark er sich artikuliert,
deshalb meistens wahrgenommen wird,
verursacht Wirbel und Getöse,
meint aber kaum mal etwas böse,
daher sich auch nie in Schweigen hüllt,
nicht selten kommunizierend brüllt.

Mit der gewaltigen Stimmenkraft,
er sich zweifellos Gehör verschafft,
kommt dennoch bei vielen nicht recht an,
Lautstärke nicht überzeugen kann.
Wer lediglich auf Lautstärke setzt,
seinen Einfluss enorm überschätzt,
denn nur mit Lautstärke im Leben,
kann der Mensch keinen Ton angeben.

Werner Siepler

Das fehlende Geld regiert die Welt

Eine uralte Weisheit deutlich sagt,
dass nur Geld allein die Welt regiert.
Doch wer die Weisheit genau hinterfragt,
den wahren Glauben hieran verliert.

Jedes Land zu viel auf Pump finanziert,
ein enormer Schuldenberg anfällt.
Solange der nicht abgetragen wird,
regiert das fehlende Geld die Welt.

Werner Siepler

Synchron

Oft redet sich ein Mensch in schwierigen Lagen,
ohne zu überlegen um Kopf und Kragen.
Doch diese Gefahr könnte dann nicht passieren,
würden Mund und Hirn synchron funktionieren.
Beim Öffnen des Mundes nun das Hirn konzentriert,
über alles automatisch nachdenken wird.

Werner Siepler

Vergessen zu leben

So mancher Mensch wünscht alt zu werden,
ohne gravierende Beschwerden
und lebt schon allein aus diesem Grund
absolut solide und gesund.

Stets mäßig zu essen, er sich zwingt,
selten einen über den Durst trinkt,
sich keine Nacht um die Ohren schlägt,
durch viel Schlaf seine Gesundheit pflegt.

Regelmäßig ihn sein Arzt durchcheckt,
aber kaum etwas Schlimmes entdeckt.
Wenn es tatsächlich irgendwo zwickt,
wird das Zwickende im Keim erstickt.

Weil wer viel rastet, auch schnell rostet,
er Sport treibt, auch wenn´s Mühe kostet.
Das sportliche Trimmen nie vergisst,
Sport Rostschutz für die Gelenke ist.

Im Alter der Mensch dann Rückschau hält
und im Geheimen entsetzt feststellt,
dass bei allem soliden Streben,
oft vergessen wurde zu leben.

Franz Eisele

Das Tagebuch

Als Junge, ich gern spielte
Auf'm Dachboden, wo ich dann wühlte
In allen Ecken, dunklen Stellen,
Alte Sachen ich gefunden, in vielen Fällen.

So suchte ich mal wieder alleine,
Ein altes Kästchen ich fand, in aller Eile.
Nachdem ich den Staub abwischte,
Ein Tagebuch ich raus fischte.

Die Blätter gelb nach all den Jahren,
Was wohl demjenigen wiederfahren?
Die Schrift war gotisch und gut lesbar,
Nur manche Träne hat zerstört, was dort los war.

Neugierig ich anfing zu lesen
Und staunte, das ist doch Opa gewesen?!
Es fing an im Juni 1942, als er war,
SS-Soldat in der Ukraina, Moskau so nah.

Er dachte wohl als er das schrieb
Das niemand jemals wird lesen, was er trieb,
Er dachte wohl in der Hölle wird er sterben,
Die Wahrheit, im Tagebuch, nimmt' mit ins Verderben.

So schrieb er wie die Häuser brannten,
Mütter schrien, als ihre Baby's verbrannten,
Man warf sie wie ein Stück Holz ins Feuer,
Den Frauen raubte man den Stolz, in ihrer Trauer.

Die Alten mussten graben ihr Grab,
Erschossen fielen sie danach hinab,
Die Kinder klammernd an Mutti's Leib
Der leider schon verblutet, in soviel Leid.

Mein Herz pochte, hab ich gut gelesen?
Mein guter Opa, soll dort gewesen?
Weiter lesen konnte ich nicht,
Sah plötzlich Opa, mit n'em anderen Gesicht!

Wie er mich all die Jahr' verwöhnte
Kein Wort vom Gleichen, er erwähnte,
Er sagte nur im Krieg er war,
Als Schreibkraft, kein Gewehr er sah.

Darf ich ihn fragen, jetzt in alten Tagen
Warum er mir verschwiegen, all seine Taten?
Warum er mordete, so grausam war,
Nur ein Befehl befolgend, ist das wahr?

Sind wohl die vielen Tränen die er vergoss
Ein Zeichen doch, das er beschloss
Im Inneren zu trauern, über die vielen Toten,
Deren Leben er nahm, wohl befohlen?

Das Tagebuch dem Ende geht
Von Reue jetzt, erst steht,
Nach soviel Jahren Krieg, er doch erkannt,
Die Propaganda ihm geraubt den Verstand.

Franz Eisele

Schmerz

(Aufruf zur Bekämpfung der Mädchenbeschneidigung)

Mama, Mama, lass mich los,
Ich will nicht tragen meiner Schwester Los.
Ich weiß noch wie es ihr wehgetan
Und dann habt ihr sie zu Grabe getragen.

Ich hör noch immer ihren Schmerzensschrei,
Das Blut floss von ihr, du warst dabei!
Ich seh noch das Messer in Frauen´s Hand,
Die wir bis dann gar nicht gekannt.

Ihr raubt uns das das Glück des Lebens,
Mit dem falschen Glauben des Wesens.
Ihr habt kein Recht auf unseren Körper
Im Koran steh`n keine „falschen Wörter".

Mama, Mama, hab Mitleid mit mir,
Du bist gar nicht so böse in dir.
Hast mich gestillt, geliebt, geküsst
Glaub bitte nicht an albernes Gelüst.

Du hattest zwei, jetzt nur noch mich,
Wenn schneidet das Messer, verlierst auch mich!
Den Schmerz den trägst dann nur du allein,
Bitte, lass mich doch am Leben sein.

Politiker, wir sind achttausend pro Tag,
Wie könnt ihr da nur wegschau`n von dieser Tat!
Wie könnt ihr schlafen ruhig und träumen von „Blüten",
Wenn tausend Schreie wie ein Orkan an eurem Fenster wüten!

Leute, wie kann es sein
Das manche auf`m Mond wollen sein,
Das andere noch sind so dumm
In ihrem Glauben beschneiden ihre Mädchen, warum?

Das wir noch weg schau'n und so tun
Als würde der uralte Gebrauch gut tun.
Statt greifen in des Messers Hand
Und bestrafen die, die es begang!

Sagt, wann kommt die Zeit
Das Licht auch scheint in „dieser Dunkelheit"?
Wir müssen hingehen und ihnen erklären,
Das sie sich nicht mehr von diesem falschen Glauben ernähren.

Mütter, im Schmerzensschrei gebärt ihr eure Kinder,
Ihr stillt sie, liebt sie, im Sommer wie im Winter.
Ihr müsst doch fühlen den Schmerz in Euch, o je
Wenn's eig'ne Kind schreit: „Mutti, Mutti, es tut so weh!"

Ante Gune Culina

Winterzauber

Eines Winters, weit und breit,
trug die Natur ihr Raureif-Kleid.

Nebel und Frost, sie hatten sich liiert,
und kahle Bäume zu Kunstwerken modelliert.

Es geschah alles stille in der Nacht,
und fertig am Morgen war die weiße Pracht.

Bizarre Formen, und ohne Randale,
bildeten überall die Eiskristalle.

Mir schien die Welt still zu steh'n,
um mich daran satt zu seh'n.

Ante Gune Culina

Stille am Meer

Von einem steilen Ufer aus
ging mein Blick aufs Meer hinaus.

Die Sonne schien, der Tag war heiß,
das Meer glänzte so silberweiß.

Wälder und Berge rundherum,
sie sahen sich im Wasser drum.

So ein Anblick nahm mich gefangen,
alles roch nach Salz und Meeresalgen.

In jenem Frieden, in jener Stille,
erklang leise nur das Lied der Grille.

Ante Gune Culina

Gen-Revolution

Im einudzwanzigsten Jahrhundert
soll alles besser funktionieren,
wenn Genforschung und Biotechnologie
unsre Welt revolutionieren.

Genmanipulierte Nahrung
wird den Welthunger besiegen
und Gentherapie die Menschheit
in Gesundheit wiegen.

Für ihre wertvolle Arbeit
sind die Forscher sichtbar belohnt,
denn erste Pflanzen und Tiere
sind längst schon im Labor geklont.

Menschliche Organe züchten
ist offenbar auch schon möglich,
die „Horrormaus" mit Menschenohr
sah man in den Medien täglich.

Der Mangel an Spenderorganen
wird bald beseitigt für alle Zeit,
wenn Ohren und Co. aus Retorte
für alle erhältlich jederzeit.

Und wenn geschaffene Fakten
hinabstürzen die Moral vom Thron,
Ersatzteile sie kommen dann
aus Labor - vom eigenen Klon.

Selbst „der Mensch nach Maß"
ist längst schon keine Utopie mehr,
seit Pläne zum ersten Menschen-Klon
in Schatten stellen alles bisher.

Sogar, die Altersuhr zu stoppen,
oder womöglich sie umzukehren,
werden die Gen- und Bioforscher
in naher Zukunft uns bescheren.

Über Jahrmillionen hinweg
fast unverändert durch Evolution,
werden die Gene gezielt verändert
durch gentechnische Revolution.

Krone der Schöpfung spielt selber Gott,
ohne Gottes Weisheit zu haben,
will sich aufs Neu' selbst erschaffen
über alle Zweifel erhaben.

Ante Gune Culina

Alte Heimat

Dalmatien, du alte Heimat mein,
ich hab' wieder Heimweh nach dir,
starke Sehnsucht, sie nagt an mir,
zieht mich zu dir ins Gefilde dein.

Dahin, dahin, wo die Reben blüh'n,
wo das Meer umspült den Felsenstrand,
wo Feigen wachsen im kargen Land,
hin zu dir meine Gedanken zieh'n.

Wenn ich auch wandle in and'rem Land,
wo ich einst blutjung zweite Heimat fand,
vergess' ich nie, wo meine Wiege stand.

Drum wandre ich ewig von Land zu Land,
zwischen zwei Welten balanciere stet,
du alte Heimat, mein heilig Gebet.

Ante Gune Culina

Worte

Worte können erheben,
Worte können erniedrigen,
Worte können verbinden,
Worte können trennen,
Worte können Brücken bauen
und in einem Ärger stauen.

Worte können Frieden schaffen,
Frieden schaffen ohne Waffen.
Worte können Fenster sein
oder Mauern aus Stein,
Worte können Wunden heilen,
Türen öffnen und verzeihen,
Worte können tief berühren,
Sinne rauben und verführen,
Worte können Zeichen setzen,
einen trösten und verletzen,
Worte können wie Dolche sein,
wie Pfeile treffen ins Herz hinein.

Es gibt Worte der Liebe,
es gibt Worte des Hasses,
es gibt Worte der Hoffnung,
es gibt Worte der Verzweiflung,
es gibt Worte, die Glück bewirken,
ja, in einem Wunder wirken,
es gibt Worte, die nicht vonnöten,
und gar jene, die können töten.

Alle Worte
berühren uns,
berühren
das Innerste in uns
und können -
ein zweischneidiges

Schwert sein -
sowohl trösten,
heilen, aufrichten
als auch tief verletzen
und vernichten;
Worte geh'n
in Mark und Bein,
bis in tiefste Tiefe
der Seele hinein.

Ante Gune Culina

Novembermelancholie

Schwarze Wolken zieh'n am Himmel,
verstummt sind die Vogellieder,
im nasskalten Grau horche ich,
wie Blatt um Blatt rauscht hernieder.

Durch das bunte, raschelnde Laub
stapfe ich nach Hause allein,
und immer wieder frage mich
nach letztem Sinn und Zweck von Sein.

Ich bleibe steh'n, halte inne,
versuche erneut zu versteh'n,
dass das Leben nur ein Wandel ist,
ein ew'ges Werden und Vergeh'n.

Ante Gune Culina

Augenblicke

Wohlige Schauer
durchfluten mich,
wenn uns're Blicke
nur streifen sich.

Flammen der Liebe,
sie lodern in mir,
vor lauter Sehnsucht
ich vergeh' nach dir,

denn in deinem Blick,
da funkelt das Glück,
Liebe, die mir gab
mein Lächeln zurück.

Möge diese Lieb'
für alle Zeit blüh'n,
nie in ihrer Glut
wie ein Stern verglüh'n,

auf dass die Zeit,
scheint still zu steh'n,
wenn wir einander
in die Augen seh'n.

Inhalt

	michael starcke
5	schule des lebens
6	seemannsgarn
7	wer oder was
8	gehe ich in mich
9	gerade heute
10	ein tag wie ein begräbnis
11	vor der zeit
12	stille gärten
13	letzte momente

	Manfred Burba
14	Ankunft in Skirotava
15	Kommandant Krause
16	Der Judenstern
18	Der Anne-Frank-Baum
19	Bunte Luftballons
20	Mein letzter Weg

	Norbert Rheindorf
21	Bitte recht freundlich
22	Ein Loch in der Zeit
23	So ein Tag
24	Existentielles

	Hanna Fleiss
25	Der Waldsee
26	Betrogen
27	Hinter den Häusern
28	Die alte Mühle
29	Rose Ausländer
30	Carwitz
31	Abendstille
32	Septemberfrühe
33	Zwischentage
34	Ausblick

Peter Frank
35   Kirschen Pflücken
36   Friedhof im Winter
37   Rückeroberung
37   Oldenswort
38   Nach der Lektüre eines Bandes mit neuer
     Literatur aus Bosnien und Herzegowina
39   Im Bannwald
40   Alte Linde
41   Jahresende
42   Biike
43   Pferde auf den Koppeln

Judith Ecker
44   Glava
45   Für Einar

Hermann Knehr
46   Hügelweg durch hohes Gras
47   Die Seine beim Pont d´Iéna
48   Easy Rider reloaded
49   Schnelle Zeit
50   Mein lieber Gernhardt

Mirella Furlan
51   Fast schon Schnee

Anke Ames
52   Variation: für Bass solo

Dirk Werner
53   Vor dem Verschwinden

Christian Pradel
54   Wenn die Zeiger an den Uhren

Enno Kalisch
55   Zwischen
56   Abendhimmel

57	Dank Dir
	Friedeborg Stisser
58	Besatzungssoldat
	Wolfgang Rinn
59	Meine Daten liegen blank
61	Abschied
	Wolfgang Ilg
62	ABENDSEGEL
	Wolfgang Jatz
63	Wintermärchen
	Robby von der Espe
64	Stadt - Gleis - Zeit
	Karin Posth
65	cyberkriminalität
	Marko Ferst
66	Jagdtrieb
67	Wenige Minuten
68	Kontinentales Klima
69	Hexenstand in Prag
69	Wolkenbruch
70	Das Treibhaus öffnen
71	Im Eismeer
72	Bangladesh
73	Erich Fried
74	Beute
74	Geister mit Schleimspur
75	Atemlos
76	Schneefrühling
77	Winterlos
	Eva Lübbe
78	Kinder

79	Sofia über Fjodor
80	25 Jahre nach der Wende
81	Wahlplakate

Gisela Verges

82	Beneidetes Talent
83	die schatten
84	Wenn du sprichst
85	sehnsucht

Klaus Rosin

86	Sternenbier
87	Rote Blätter

Iris Muhl

88	taschenlampenunterricht
88	Stahlflossen

Grete Ruile

89	Herbstfinale
89	Wehlaut

Michael Hesseler

90	By the way
91	Haarriss
92	Depression
93	Eingeschlossen
94	Enge
95	Erinnerung an Liebe
96	Menschenwürde
97	Neuwert
98	Stiefelchen
99	Brief
100	Unbekannte Frau
101	Die Ameise
102	Essig
104	Im Norden nichts Neues
106	Indizien
107	Innenleben

108	Innen und Außen
109	Leonardo
110	Blockland-Symphonie
112	Puppen
113	Und?

Dietmar Spitzner
114	Vogeluhr
115	Wilde Rose
115	Frühling
116	treibjagt
116	Abendlied

Hans-Jürgen Gundlach
117	Alte Liebe
118	Lisa und das kleine Glück
119	Des Lebens Sinn

Peter Lechler
122	Prost Neujahr
123	Quo vadis, Patient?
124	Polarität
125	Wettlauf mit der Zeit
126	Lichtblick
127	Metamorphose
128	Miro - Glyphen
129	Nur das Eine?
130	Liebeslied
131	Beschwörung
132	Supernova
133	Schattensprung
134	Was bleibt?
135	Over the rainbow
135	Wasserfarben
136	Auf See
137	Dialektik der Liebe
138	Rallye d' Amour
139	Perle an Knoblauch
140	Schweiß des Hephaistos

141	Farbenspiel
141	Morgenrot
142	Ärztlich beschirmt
143	Mutter - ein Nachruf
144	du, der Tod und ich
145	und wieder Frühling
146	Unter Geiern
147	Senioren-Swing
148	Auf innerer Spur
149	... es gibt keine Fische mehr ...
150	Zufall

Katharina Meiser
151	Offen
152	dionysos
153	Stadtbalkon

Simon Bethge
154	superheld
155	gitterstäbe

Henrike Hütter
156	Abendlicht
157	Seeufer
158	An der Küste
159	Herbstgeruch
160	Nebelschwaden
160	Kastanien

Elisabeth Schmidt
161	Anonym

Rainer Gellermann
162	Im Museum
162	Skagerrak
163	Erinnerung an ein versunkenes Land
164	Deine Daten
165	Halberstadt - John Cage Projekt
166	Gedanken sind frei man muss sie nur lenken

	Olaf Kurtz
168	Korridor der Schlaflosigkeit
169	326

	Daniela Kissling
171	Am Rande einer Nacht
172	Dämmerung

	Maria Weberknecht
173	Familie
174	Winter
175	Ein Regentag

	Gabriele Bergschneider
176	Ukraine
177	Hoffnungslos
178	Hippiezeit

	Werner Tiltz
179	Kommunikations-Renaissance

	Jana Lehmann
180	Sternstunden der Kindheit
181	Sommer am See
182	Willkommen daheim
183	Einsame Gespräche
184	Den Tod vor Augen
185	Wolkenlos

	André Steinbach
186	Vergehende Tage
187	Stumme Welt
188	Eingefrorene Zeit
188	Kein fernes Licht

	Irmgard Woitas-Ern
189	Mein Mecklenburg-Vorpommern
190	Modetrends
190	Kleiner Katz trifft Flusenknilch

191	Bogumil, Wächter der Mikrowelle
192	Elf Langnasen in China
193	Trockenen Fußes
193	Urlaubsbilder
194	DATENSCHÜTZER

Anita Schmuck-López

195	Spielräume
196	Sommerbild

Anne Honings

197	In der Nacht
197	Ich stehe im Regen

Franz Rickert

198	Ansage
199	Kalte Schulter

Norbert Autenrieth

200	Apfelernte in Südtirol
201	Politisches Gruselett 2014
202	Der Okrieg
203	Der Windhund
204	Der Regenwurm
205	Hamster Horst
206	Hand und Kutz
207	Schlaflied

Jadwiga Nehls

208	Aufsteigen mit dem Wind
209	Die Einladung
209	Für kleine Lily
210	Mein Sonnenschein
211	Sommerträume

HanneLore Strack

212	Klassentreffen
213	Nachtgeister
214	Vater

215	Lächeln üben

Reinhard Lehmitz
215	Gedanken
216	Alles und nichts
217	Der Lüge Saat
218	Der Sumpf verschlingt uns alle
219	Wann endlich?
220	Wo bleibt der Widerstand?
221	Was Du für mich bist

Michaela Bindernagel
222	Nelson Mandela: Die Frauen an seiner Seite
223	Der Pastor
224	Die innere Händlerin

Evelyn Lenz
225	Flug über den Wolken

Gabriele Friedrich-Senger
226	Lebenslüge
227	Abseits…

Andrea Pierus
228	mut
228	amors kleid
228	geliebt!
229	sie wollte ihn nur so!
229	freundin
229	schwimmflügel?
230	seifenblasen
230	die aktenlage
230	nicht mit ihr!
231	selbstbetrug
231	nebenwirkung

Rudolf Leder
232	Baldiges Bienensterben
233	Die Weser

289

233	Rauchschlange
234	Rossschnecken Exodus
235	Hinter Gittern
235	Kornfeld
236	Krähen
236	Bunkeridylle
238	Nepalhimalayaswunderwelt
239	Ä-rgeres
239	Ö-ffentliches
240	Ü-brigens
241	Glaube, Hoffnung, Liebe (Akrostikon)
242	Phantomschmerz
242	Radfahrers Los
243	Memento mori - Gedenke des Todes
244	Fussball
245	Fussball-Bieridylle
247	vonfernemitreizenüberflutet
248	Händimanie
249	Blockade

Fabian Schöler
250	Verständnis
250	Schauspieler und Dichter

Markus Malik
251	Datenübertragung

Regina Jarisch
251	Teilt zusammen

Tanja Habelt
252	Maus
253	Keim

Monika Behrent
254	Herbsttag
254	Feldspaziergang im Oktober

Juliane Sander
255	Grüngelbgold

Wolfgang Quer
256 Gartenidyll
257 Welch ein Tag!
258 Spätsommer
259 Die Gedanken sind frei
260 Sommerwiese

Hannelore Furch
261 Laterne, Laterne ...
262 Der Tanz mit den Sternen
263 Advent
263 Der Tannenbaum
264 Spaziergang in der Heiligen Nacht
265 Dorfweihnacht
265 Weihnacht des Einsamen

Werner Siepler
266 Zur rechten Zeit
266 Lautstärke reicht nicht
267 Das fehlende Geld regiert die Welt
267 Synchron
268 Vergessen zu leben

Franz Eisele
269 Das Tagebuch
271 Schmerz

Ante Gune Culina
273 Winterzauber
273 Stille am Meer
274 Gen-Revolution
275 Alte Heimat
276 Worte
277 Novembermelancholie
278 Augenblicke

281 Inhalt

293 Autorinnen und Autoren stellen vor

Autorinnen und Autoren stellen vor:

Michaela Bindernagel: Der Heilige Wald, Afrikanische Tiermärchen, 160 Seiten, farbig illustriert, Progress Verlag Turmalinklang, 2009, 29,95 €, Leseproben: www.progress-verlag.de

Franz Eisele: Gedichtevolum. 37 Protestgedichte, 4,99 € erhältlich unter: franzeisele@web.de

Marko Ferst, Andreas Erdmann, Monika Jarju u.v.a.: Die Ostroute. Erzählungen, 256 Seiten Edition Zeitsprung, Berlin 2014, 16,90 €
Marko Ferst: Umstellt. Sich umstellen. Politische, ökologische und spirituelle Gedichte, 160 Seiten, Edition Zeitspung, Berlin 2005, 11,20 €
Marko Ferst: Täuschungsmanöver Atomausstieg? Über die GAU-Gefahr, Terrorrisiken und die Endlagerung, 136 Seiten, Edition Zeitsprung, Berlin 2007, 9,95 €
Marko Ferst, Franz Alt, Rudolf Bahro: Wege zur ökologischen Zeitenwende. Reformalternativen und Visionen für ein zukunftsfähiges Kultursystem, 340 Seiten, Edition Zeitsprung, Berlin 2002, 21,90 €
Marko Ferst, Rainer Funk, Burkhard Bierhoff u.a.; Erich Fromm als Vordenker. „Haben oder Sein" im Zeitalter der ökologischen Krise, 224 Seiten, Edition Zeitsprung, Berlin 2002, 15,90 €
Leseproben und Bestellung: www.umweltdebatte.de

Peter Frank, Hanna Fleiss, Ulrich Grasnick, Elisabeth Hackel, Günter Kunert u.v.a.: Seltenes spüren. Gedichte, 268 Seiten, Edition Zeitsprung, Berlin 2014, 11,50 €

Hanna Fleiss: Zwischen Frühstück und Melancholie. Gedichte, Engelsdorfer Verlag 2014, 10 €

Hannelore Furch: Die Pommernfalle. Roman um eine außergewöhnliche Freundschaft zwischen zwei aus der Lüneburger Heide stammende Frauen und deren dramatischen Neustart in Polen (im ehemaligen Hinterpommern), 284 Seiten, Windsor Verlag, 2014, 16,99 €.

Michael Hesseler: Der hustende Fisch. Chinesische Geschichten für den Alltag, Edition Octopus, Softcover, ISBN 978-3-95645-238-3, 17,30 €; eBook: ISBN 978-3-95645-270-3, 8,99 €, Leseprobe: www.michaelhesselerautor.com
Wolfgang Jatz: Traumsplitter, Verlag Neues Forum, 1987

Hermann Knehr, Stille Wege, helle Klänge. Gedichte, 68 Seiten, Edition Dorante, 2011, 7,50 €
Hermann Knehr: Das Singen der Dinge. Gedichte, 80 Seiten, Edition Dorante, 2012, 8,00 €
Hermann Knehr: Denn Sein ist nirgends. Gedichte, 88 Seiten, Edition Dorante, 2013, 8,00 €, Leseproben: literaturpodium.de

Peter Lechler: Alpentouren, Löwenspuren. Auf der Fährte der Liebe. Reiseerzählungen, 196 Seiten, 2012, 12,60 € Leseprobe: www.literaturpodium.de

Rudolf Leder: Lyr-Mix, Gedichte/Haikus, 138 Seiten, Herbert Utz Verlag, 2014, 13,80 €, Leseproben: http://www.e-stories.de/buecher-detail.phtml?id=512

Eva Lübbe: Das Experiment am See, Gedichte und Fotos, BOD 2011
Eva Lübbe: Daie Evolution der Eisblumen, Gedichte und Fotos, BOD 2012
Eva Lübbe: Leipzig Mit anderen Augen, Gedichte und Fotos, BOD 2014

Literaturpodium

Bei uns können Sie Gedichte, Erzählungen, Romane oder ein Sachbuch veröffentlichen. Sowohl einzelne Gedichte und Erzählungen lassen sich publizieren oder auch mehrere Autoren können einen Band gemeinsam herausbringen. Die Bücher werden gegenseitig mit Anzeigen beworben und im Internet mit Leseproben präsentiert.

Mehr Informationen unter:

www.literaturpodium.de

Täuschungsmanöver Atomausstieg?

Über die GAU-Gefahr, Terrorrisiken und die Endlagerung

Marko Ferst

136 Seiten, Edition Zeitsprung, 2007

Die Beinahe-Katastrophe im schwedischen Forsmark 2006 zeigte erneut: auch westliche Atomkraftwerke sind keineswegs sicher. Bei einem Atomunfall in Deutschland müßten fünf bis sechs Bundesländer komplett umgesiedelt werden, wollte man die Fehler nach dem Tschernobylunglück nicht hier wiederholen.

Leseproben: www.umweltdebatte.de

Hard- & Software
Reparatur & Wartung

Köpenicker Str. 11
15537 Gosen
www.ferst.de
Tel. 0 33 62/82 00 97
e-mail: info@ferst.de

- Verkauf
- Beratung
- Aufrüstung
- Installation
- Netzwerkeinrichtung

Besuchen Sie unseren Onlineshop unter: www.ferst.de

Wir sind Vertriebspartner u. a. von:

Die Ostroute

Erzählungen

Andreas Erdmann, Marko Ferst, Monika Jarju u.v.a.

256 Seiten, 2014

Der Band beginnt und endet mit einer Erzählung über Wölfe. In der einen werden sie gnadenlos verfolgt, in der anderen sorgt ein Rudel weißer Tundrawölfe für arktische Jagdszenen. Andernorts kommt eine Ostroute ins Spiel. Wir erfahren mehr über das Schicksal eines jungen Rauschgiftkuriers im Iran, wie über seinen Lebensweg der Stoff der Stoffe richtet. Ein Ostseesturm sorgt für eine risikoreiche Segeltour. Von allerlei sonderbaren Abwegen weiß die Erzählung „Genervtes Anstehen für Liebe" aus Bulgarien zu berichten. Zur Sprache kommen die Erfahrungen von Heimkindern in der frühen Bundesrepublik. Grenzübertritte zwischen Ost und West und deren Folgen sind im Blick zweier anderer Beiträge. Wie man ganz legal schwarzfährt, erläutert Johannes Bettisch. Was passiert, wenn man ganz unerwartet von seinem chinesischen Firmenpartner zum Tanz aufgefordert wird?

Mit den besten Erzählungen, die zwischen
2006 und 2012 bei Literaturpodium eingereicht wurden

Frühjahr im Schnee

Gedichte

Peter Frank, Hans Sonntag, Manfred Burba,
Heiko M. Kosow u.v.a.

308 Seiten, 2014

Ostern im Schnee und Hundstage am Ende eines Sommers kommen in den Blick. Zahlreiche Herbstgedichte sind im Band zu finden. Erinnerungen an Chopins Klavierstücke, Goralenhäu-ser und verbotene Westliteratur wird aufgerufen. Straßencafes in Amsterdam tauchen auf. Mit dem Dampfer tuckert man über den Berliner Müggelsee, der Kellner serviert Milchkaffee dabei. Amerikanische Horchgelüste erfreuen sich scharfer Kritik. Für Hilfe beim Aufräumen nach dem Elbehochwasser dankt eine Autorin. Ein Gedicht zu Claude Debussy und seiner Musik läßt sich finden. Gedichte zur Liebe reihen sich ein.

Leseproben: www.literaturpodium.de Bestellung: wettbewerb@literaturpodium.de

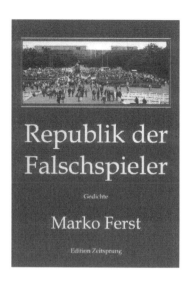

Republik der Falschspieler

Marko Ferst

172 Seiten, Gedichte, 11,60 €, Leseproben: www.umweltdebatte.de

Wohin driftet die Berliner Republik? Ein bißchen Gelddiktatur schadet doch niemandem? Die Gedichte in diesem Band bürsten unbequem gegen den Strich. Hartz IV und Ein-Euro-Job kommen auf den Prüfstand. Da wird nach sozialer Gerechtigkeit ebenso gefahndet wie nach ökologischer Balance. Sind wir als Zivilisation dem Untergang geweiht? Der Autor setzt sich auseinander mit den Folgen von Tschernobyl für die Menschen und thematisiert: Atomkraft ist unverantwortlich. Er führt uns nach Mittelasien und schreibt sich an die Tragödie um den verschwindenden Aralsee heran.
Wieviel unschuldige Opfer fordert der angebliche Kampf gegen den Terror? Was konnte die orange Revolution in der Ukraine leisten oder wieviel blaue Adern durchziehen sie? Unternommen wird ein Ausflug an die Wolga und nach Kasan. Einen umfangreichen Abschnitt mit Liebesgedichten findet man vor, überdies zahlreiche Landschaftsgedichte. Außerdem: was kann dem streßgeplagten Weihnachtsmann alles passieren? Eine Nachtwanderung führt in spukumwundenes Ferienland.

Wege zur ökologischen Zeitenwende

Reformalternativen und Visionen für ein zukunftsfähiges Kultursystem

Franz Alt Rudolf Bahro Marko Ferst

340 Seiten, Leseproben: www.umweltdebatte.de

Die ökologische Krise droht der menschlichen Zivilisation eine Richtstatt zu bereiten. Würden wir sämtliche Energie, die wir nicht einsparen können, über Solartechnik, Wasserkraft, Windkraft und aus Biomasse gewinnen, hätten wir schon ein gutes Stück Zukunft gesichert. Mit einer globalisierten Wettbewerbsökonomie, die auf permanentem Wachstum fußt und einen Pol auf Kosten des anderen Pols entwickelt, wird die Todesspirale nicht aufzuhalten sein. Gerechte gesellschaftliche Verhältnisse im globalen Maßstab sind nötig. Der erforderliche ökologischsoziale Strukturwandel müßte umfassender sein als alle vorhergehenden Umwälzungen und Reformen in der Menschheitsgeschichte. Die eigentliche Chance für eine ökologische Rettungspolitik erwächst aus dem geistigen Lebensniveau der Gesellschaften. Jede Veränderung beginnt im Menschen, hat dort ihren Vorlauf. Wir brauchen ein ökologisches Kultursystem, das auf Herz und Geist gebaut ist.

Bestellung: Ferst, Köpenicker Str. 11, 15537 Gosen, marko@ferst.de
(neuwertige Remissionsexemplare für 19,90 € inkl. dt. Porto direkt beim Autor)

Alpentouren, Löwenspuren

Auf der Fährte der Liebe. Reiseerzählungen

Peter Lechler

196 Seiten, 2012

In den Erzählungen nimmt Sie ein Psychotherapeut mit auf die Reise. Begleiten Sie ihn auf dem Rad über die Alpen, nach Südafrika ins Löwenland und in den ewigen Frühling der Insel Madeira. Dabei folgen Sie auch der Spur seines Herzens vom Verlust tragender Liebe zu gewagtem Neuanfang. Übliche Verdrängung von Pein weicht dem Dialog, offen und authentisch. Dem Autor liegt nicht an Effekt haschender Selbstinszenierung, auch kann er keine Rezepte für Glückssträhnen ausstellen. Wer seinen Reisen nachspüren möchte, gewinnt vielmehr neue Blicke auf das eigene Leben, Anstöße zur Achtsamkeit und die Chance, bei sich anzukommen.

Leseproben, Inhaltsverzeichnis: www.literaturpodium.de
bestellen: peter.lechler@ekma.de

Denn Sein ist nirgends

Gedichte

Hermann Knehr

88 Seiten, 2013, 8 €

Was wissen wir über das Leben und seine Bestimmung? In klassisch gehaltenen Versen nähert sich der Autor behutsam unter verschiedenen Blickwinkeln dem Thema. In den Gedichten »Die Birke«, »Lilien« und anderen wird der Natur nachgespürt. In anderen betrachtet der Autor die Kunstwerke großer Meister, so z.b. den David von Michelangelo oder den rätselhaften Angelo von Monteverde. Die Stimmungen, die Künstler in ihren berühmten Gemälden eingefangen haben, werden in Versen nachempfunden, so z. B in »Felder im Frühling« von Claude Monet oder in »Das Frühstück der Ruderer« von August Renoir. Religiöse Themen kommen zur Sprache. Menschliche Schicksale greift der Dichter auf in »Die unheilbare Kranke« oder »Die Flüchtlingsfrau«. Aber auch persönliche Erfahrungen, vergangene Freundschaften, Erfolge und Misserfolge werden erinnert. Alles drängt zu der Frage was bleibt vom Leben? »Wissen wir wohin wir zielen?«. Ein Gedichtband, der den Leser zum Nachdenken anregt über sein Leben und dessen Sinn.
Leseproben: www.literaturpodium.de Bestellung: hermannknehr@yahoo.de

Die Regensammlerin

Erzählungen, Gedichte und Essays:
Ökologie, Naturlandschaften und Zukunft

Esther Redolfi, Michaela Bindernagel,
Catherine Santur u.v.a.

256 Seiten, 2014

Der Band folgt in Erzählungen, Gedichten und Essays ökologischen Spuren, Naturlandschaften werden inszeniert und er stellt Fragen für eine nachhaltige Zukunft. Die Regensammlerin findet einen Weg, wie trotz der Trockenheit die Gärten des Dorfes zu Wasser kommen. Über das Schicksal von jungen Leguanen berichtet eine andere Erzählung. Die Folgen von Tschernobyl und Fukushima werden aufgegriffen in Gedichten. Ebenso kommen der Klimawandel, die Verschmutzung der Ozeane mit Plastikmüll oder der Naturschutz zu Wort. Eine Reise führt in die weiten Landschaften von Alaska zu Fischottern und Rentieren.

Leseproben: www.literaturpodium.de Bestellung: wettbewerb@literaturpodium.de

Aktuelle Bücher

Norbert Rheindorf, Hanna Fleiss, Günther Bach u.v.a.
Sommer im Norden. Gedichte (256 Seiten)
Manfred Burba, Michael Starcke, Norbert Rheindorf u.v.a.
Vom Duft der Wüste. Gedichte (284 Seiten)
Peter Frank, Julia Romazanova, Hans-Jürgen Gundlach u.v.a.
Der bewaldete Tag. Gedichte (320 Seiten)
Angelica Seithe, Robby von der Espe, Martin Hartjen u.v.a.
Lichtglanz über Wasser. Gedichte (320 Seiten)
Günther Bach, Anke Ames, Manfred Burba u.v.a.
Winternebel. Gedichte (248 Seiten)
Hans Hässig, Hanna Fleiss, Werner Saemann u.v.a.
Träume den Frühling. Gedichte (228 Seiten)
Catherine Santur, Esther Redolfi, Peter Frank u.v.a.
Vom Mut der Anderen. Erzählungen, Gedichte und Essays über Menschenrechte (316 Seiten)
Esther Redolfi, Michaela Bindernagel, Catherine Santur
Die Regensammlerin. Erzählungen, Gedichte und Essays: Ökologie, Naturlandschaften und Zukunft (256 Seiten)
Julia Romazanova, Johannes Bettisch, Doris Stößlein u.v.a.
Windspiel der Sonne. Der Sommer in Erzählungen und Gedichten (308 Seiten)
Angelika Zöllner, Günter Bach, Helmut Hostnig, Norbert Klatt u.v.a.
Soziale Balance. Erzählungen, Essays und Gedichte (320 Seiten)
Regina Löwenstein, Günther Bach, Hanna Fleiss u.v.a.
Herzhände. Gedichte (300 Seiten)
Hermann Knehr
Das Singen der Dinge. Gedichte (80 Seiten)
Peter Lechler
Alpentouren, Löwenspuren. Auf der Fährte der Liebe. Reiseerzählungen (196 Seiten)
Janina Lenz, Judith-Katja Raab, Johannes Bettisch u.v.a.
Kastanienkerzen. Haikus und andere Kurzgedichte, Aphorismen (288 Seiten)
Alexander Frey
Italien. Gefangen in Land und Liebe. Roman (284 Seiten)
Werner Hetzschold, Victoria Paul, Peter Lechler u.v.a.
Traumhaus am Meer. Erzählungen (304 Seiten)

Leseproben: www.literaturpodium.de Bestellung: wettbewerb@literaturpodium.de